Unter den Linden
Historische Photographien

Blick auf die »Linden« von der Friedrichstraße (unten) zum Brandenburger Tor, 1913

Unter den Linden

Historische Photographien

Herausgegeben von der Stiftung Stadtmuseum Berlin

Mit Texten von
Dieter Hildebrandt, Hans-Werner Klünner, Jost Hansen

Nicolai

Redaktionsschluß 31. Dezember 1996

Druck und Verarbeitung: Passavia Druckerei GmbH, Passau
Gestaltung: Jürgen Freter

ISBN 3-87584-644-3

Vorwort

1991 ist im Argon Verlag ein historische Photographien vereinender Bildband erschienen mit dem Titel »Unter den Linden«. Der dort zu findende Hinweis, daß fast alle Abbildungen aus dem Märkischen Museum stammen, gibt zur Verwunderung weiter keinen Anlaß, gehört es sich doch, daß das stadtgeschichtliche Museum – seit seiner Gründung 1874 – Zeugnisse und Dokumente über die berühmteste aller Straßen Berlins sammelt.

Anläßlich der Ausstellung »Unter den Linden – Ansichten von Schinkel, Gaertner und Menzel« (zum 350. Jubiläum des Berliner Boulevards), mit der die Nationalgalerie und das Stadtmuseum Berlin gemeinsam die Ausstellungen des Jahres 1997 einleiten, haben wir uns der Publikation von 1991, die längst vergriffen ist, erinnert und gemeinsam mit dem Verlag eine Neuauflage beschlossen.

Während die große Ausstellung, die gemeinsam mit der Nationalgalerie im Kunstforum in der GrundkreditBank veranstaltet wird, mit künstlerischen Ansichten den Zeitraum vom Biedermeier bis zum Realismus abdeckt – wobei Photoaufnahmen keine Rolle spielen –, ist anhand der Bestände des Stadtmuseums eine Rekonstruktion der Linden in der Zeit zwischen 1855 und 1930 mit zeitgenössischen Lichtbildern fast Haus für Haus möglich. Die Photoausstellung im Knoblauchhaus – zu der diese Publikation als Begleitbuch erscheint – will also sowohl eine zeitliche als auch dokumentarische Ergänzung zu den künstlerischen Interpretationen sein, die im Kunstforum ausgestellt sind. Insbesondere ist die Zusammenstellung des vorliegenden Bandes ein photographisches Pendant zur »Linden-Rolle«, die als Hauptstück aus dem Bestand des Berlin Museums im Kunstforum zu sehen ist.

Zugleich vermittelt die neu aufgelegte Publikation einen Einblick in die reichhaltigen Sammlungsbestände des Stadtmuseums. Neben allem anderen läßt sich hier auch studieren, wie sich die Bestände des Märkischen Museums und die des Berlin Museums, die seit Sommer 1995 in der Stiftung Stadtmuseum Berlin vereint sind, vorzüglich ergänzen.

Zusammen mit der Ende 1995 vom Stadtmuseum vorgelegten Publikation »Vom Brandenburger Tor bis zum Alexanderplatz – Berlins Mitte in Handzeichnungen des 19. Jahrhunderts« können die Photographien dieses Buches auch einen anschaulichen Beitrag leisten zur aktuellen Architekturdebatte über kritische und unkritische Rekonstruktionen in der historischen Mitte Berlins.

Das Stadtmuseum schlägt sich im Streit über die weitere Entwicklung in der historischen Mitte Berlins auf keine Seite. Das ist auch nicht unsere Aufgabe. Unsere Aufgabe ist es, zu sammeln, zu dokumentieren und in Ausstellungen den von uns und anderen erarbeiteten Stand der Forschung zu präsentieren. Nicht zuletzt wollen wir den Berlinerinnen und Berlinern – den Alteingessenen ebenso wie den vielen »neuen« – und unseren Gästen zeigen, was war und wie es war, damit sich alle wenigstens im Abbild selbst ein Bild machen können. Die Neuauflage dieses Buches dürfte in diesem Sinne auch zur Selbstvergewisserung der Menschen in dieser Stadt beitragen.

Prof. Reiner Güntzer
Generaldirektor der
Stiftung Stadtmuseum Berlin

Unter den Linden
Geschichtsmeile, Weltpromenade und Berliner Laube

Heut ging ich spazieren Unter den Linden,
Um Menschen zu sehen, Bekannte zu finden.
Fand auch richtig die ganze Welt,
Grad, als hätt' ich sie hinbestellt.
Detlev von Liliencron

Diese Straße ist ein weites Feld. »Die Linden« reichen, anderthalb Kilometer lang, von der Schloßbrücke bis zum Brandenburger Tor, sie halten die beiden Häuserfronten sechzig Meter voneinander fern (die Halle des Anhalter Bahnhofs hätte das eben überwölben können), und sie strecken sich, historisch gesehen, von einem kleinen, schnurgeraden Vorgarten vor der *noch* mittelalterlichen Stadt zur *noch* utopischen Hauptachse der modernen, wiedervereinten Metropole, die hier ihre verlorene Mitte neu finden, neu erfinden könnte. Unter den Linden – das ist Prachtavenue, Via triumphalis, Deutschlands ältester Boulevard, das ist Laufsteg des Voyeurismus und Preußens berühmtester Paradeplatz, das ist Jahrmarkt der Eitelkeiten und workshop der Revolutionen.

Diese Straße – mitsamt dem Brandenburger Tor – ist eine deutsche Geschichtsmeile, deren Dimensionen kaum zu ermessen sind. Sie führt von Triumphen zu Niederlagen, von da wieder zu Jubelfeiern, zu Siegen, die wie Niederlagen wirkten, und zu Katastrophen, die aus besinnungslosem Überschwang kamen. Nach dem letzten Krieg ist dies eine verwüstete Landschaft; Alfred Döblin sieht sie 1949 so: »Und das sind also die Linden, früher eine Prachtstraße der Stadt. Der Grundriß ist noch da, – die Straßen verschwunden. Wie weit die Linden sind, leer, ein Riesenplatz, der sich lang hinzieht. Keine Bäume. Man sieht über Häuser hinweg, durch Häuser hindurch. Hinten, am Pariser Platz, erkenne ich das Brandenburger Tor. Es steht im leeren Raum, rechts und links nichts.«

Ganz zuletzt war Unter den Linden auch so etwas wie die repräsentativste Sackgasse der Ideologie; durch die fast drei Jahrzehnte dauernde Sperrung des Brandenburger Tors war aus der einst weltoffenen Promenade ein mit Niedlichkeit getarnter Parkstummel geworden, aus einem freien Forum eine ängstlich gehütete Randerscheinung. Der Marxismus, auf dieser Straße vorgedacht, in den Vorlesungen Hegels und als Widerstand gegen sie, führte sich nirgendwo so deutlich ad absurdum wie hier.

Als das Tor kurz vor Weihnachten 1989 mittels zweier Durchlässe außen herum, wieder aufgemacht wurde, ereignete sich auch das Erwachen der Straße Unter den Linden aus dem vom Weltgeist auferlegten Dornröschenschlaf. Hier wurde eine Bahn gebrochen wie ein Bann. Man konnte die »Linden« wieder begehen, man beging sie als ein Fest. Tausende von abendlichen Spaziergängern setzten die Vorstellung eines Flanier-Corsos wieder in Kraft, wie sie sich aus Stichen, Lithographien, Fotos und Ansichtskarten gebildet hat. In jenen Tagen wurde ein Mythos lebendig, den nichts kürzer beschreibt als Heinrich Heines Andachtsruf von 1822: »Ja, das sind die berühmten Linden...«

Aber zum Mythos haben die Götter die Sirenenklänge gesellt: diese Straße kann man auch singen. Die »Linden« wecken ein Echo aus Chansons, Couplets, Liedern. »Untern Linden, untern Linden, da spaziern die Mägdelein« oder »Solang noch untern Linden die alten Bäume blühn« oder »Die Linden lang, Galopp, Galopp«. In dieser Promenade ist Musik, die kesse Musik des Berliner Rhythmus und seiner rührseligen Umkehrung. Diese Allee ist auch ein einziger Ohrwurm. Was fast alle dieser Lieder rühmen – das Kapitel Frivolität sei noch ein wenig vertagt.

Begeben wir uns erst einmal auf eine historische Promenade.

J*a, das sind die berühmten Linden:* Die erste »Momentaufnahme« ist ziemlich genau dreihundert Jahre alt; sie stammt von Johann Stridbeck dem Jüngeren, einem Zeichner aus Augsburg, der 1690/91 eine Reihe von zwanzig Skizzen Berlins schuf. Zwar zeigt schon der Merian-Stich von 1647/1652 ein kräftiges kleines Wäldchen vor den Toren Berlins, aber man hat dabei den Eindruck, als seien die Bäume wie mit einer Computergraphik vor die Mauern der Stadt gezaubert. Stridbeck aber gibt ein detailliertes, intimes und lebendiges Bild vom »Prospect oder Weg, gegen dem Thier-Garden vor Berlin«. Man sieht vier Reihen Bäume, noch nicht ganz regelmäßig gediehen und insgesamt etwas schütter, zu beiden Seiten schon einige ganz stattliche Gebäude, aber vorwiegend dörfliche Häuser. Man sieht das Geländer, das den Mittelweg umgibt, um Fußgänger wie Bäume vor dem Vieh zu schützen, man sieht »Paare/Passanten«, meist in Zweiergruppen choreographiert. Zwei Reiter sprengen seitlich in die Szenerie, ein Hündchen bellt sich ins Bild, und rechts unten weiden Pferde und Kühe. Man ist noch auf dem Lande, aber die Stadt sucht dort schon Sommerfrische.

Die ersten Bäume waren 1647 gepflanzt worden, nachdem Kurfürst Friedrich Wilhelm am 16. April jenes Jahres Order erteilt hatte »zu Anrichtung einer Gallerie von der Hundebrücke biß an den Thiergarten«. Das Wort »Gallerie« mag verwundern für den Plan einer Allee, aber ein Blick ins Grimmsche Wörterbuch bringt zwei verblüffende Hinweise, die die Doppelfunktion dieser Straße von allem Anfang an festhalten: Eine Gallerie wird da beschrieben als »wesentlich ein Anbau am Hause, offen oder gedeckt, theils zum Spazieren, theils zum Anschauen, besonders mit Säulen und Bogen, *auf jeden Fall ein vornehmes Stück,* wahrscheinlich mit dem italienischen Geschmacke in die Fürstenpaläste verpflanzt an Stelle der deutschen *Laube.*« So etwas wie eine große Laube sollten die »Linden« also sein, und so etwas blieben sie dann ja auch für die Berliner; aber zugleich eben ein vornehmes Stück, Ausgangspunkt für ein »quartier des nobles«.

Da gab es, ganz im Anfang, eine kuriose Verzögerung bei der Anlage der Plantage. Die Bäume konnten nicht, wie der Kurfürst es gewünscht hatte, schon im Frühjahr gesetzt werden: Der Saft, sagten die Gärtner, sei den Setzlingen dann schon in die Äste und Zweige geschossen. Etwas murrend gewährte der Herrscher Aufschub und Rat: »Inmittelst aber wollet Ihr die Anstalt machen, daß alßdann genugsam Linden und Nußbäume zur Hand gebracht werden mögen, und füritzo könnet Ihr die Kuhlen oder Grüben, da die Bäume eingesezet werden sollen, außgraben und mit guter Erde wieder außfüllen laßen, welchen dann bey der Einsezung den Bäumen wohl zu Statten kommen und die Bewürzel- und Wachsung umb so viel beßer zu befördern wird, worbey auch in Acht zu nehmen, das so wohl die wenige Bäume, so albereits gesezet seyn, alsofort und künfftig die übrigen gleichfalls umbzeunet werden, damit das Vieh oder Wildt und Hasen denselben mit Abschellung nicht schaden könne.«

J*a, das sind die berühmten Linden:* Eben nicht nur Linden. Auch Nußbäume nennt ja der Kurfürst, später kommen noch Platanen und Kastanien hinzu. Nur Pflaumenbäume und Haselnußsträucher wurden schon im Planungsstadium gerodet. »Unter den Linden« hieß die neue Anlage denn auch keineswegs, sondern Neustädtische Allee, bald schon Dorotheenstädtische Allee. Denn es gilt ja nicht nur, daß, wo ein Wille auch ein Weg sei, sondern vor allem, daß, wo ein Weg ist, bald auch Villen sind. Der Kurfürstin Dorothea war das Gelände nördlich der Anlage zur Besiedlung geschenkt worden, und es war dort erst die Neustadt, dann, nach dem Namen der Bauherrin, die Dorotheenstadt entstanden: Das hieß aber nicht weniger als: Berlin hatte, kraft der neuen Allee, seine Fesseln gesprengt, es war über den Festungsring hinausgewachsen.

Die Bäume zwar nicht, aber die Gebäude wuchsen jetzt in den Himmel. Der dickste Brocken war das Zeughaus, zu dem am 28. Mai 1695 der Grundstein gelegt worden war, das 1706 in seiner äußeren Form feststand (nach Plänen Francois Blondels entworfen von Nering), das aber erst 1731 in Dienst gestellt werden konnte. Sehr viel zügiger vollzog sich der Bau einer »Academie oder Hohe Kunst Schule«, der

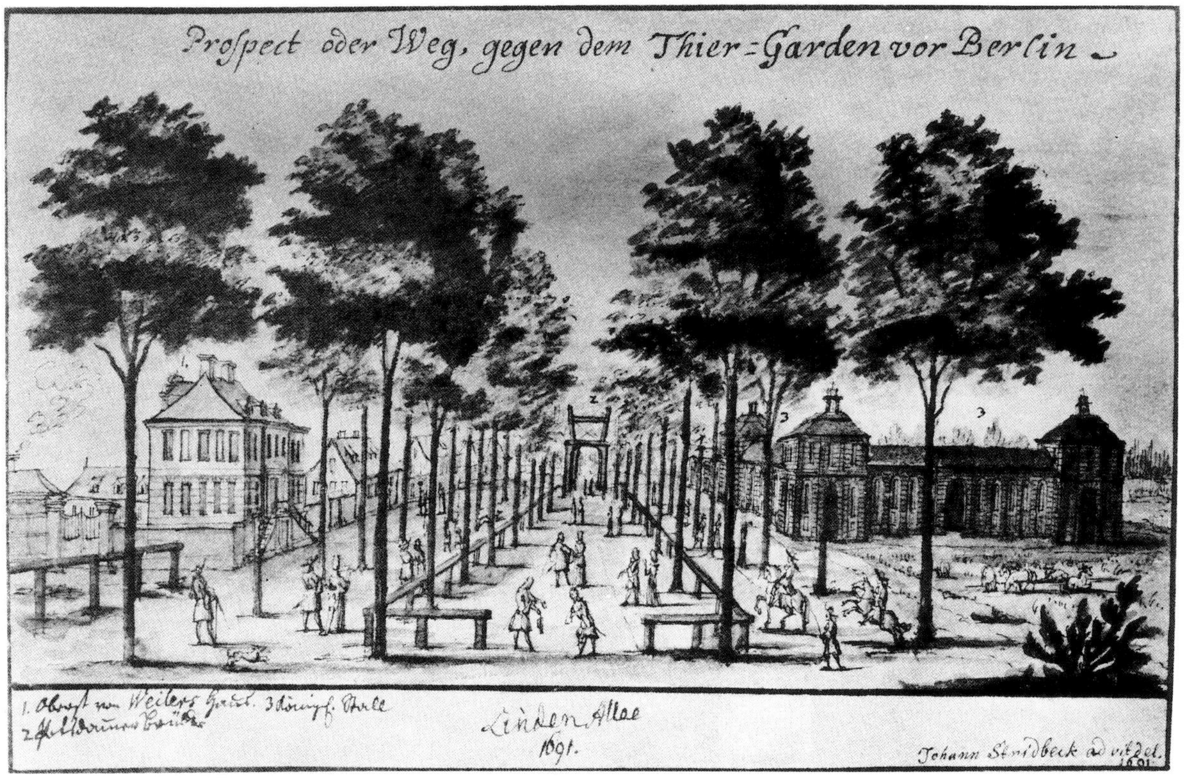

Blick durch die »Linden-Allee« zur »Potsdamer Brücke« in der Dorotheen- oder Neustadt vor dem Tiergarten, 1691 (Aquarell von Johann Stridbeck d. J.)

späteren Königlichen Akademie und heutigen Staatsbibliothek: 1687 begonnen, erhielt sie zehn Jahre später ein zweites Stockwerk und diente zu Beginn auch als Marstall, so daß der lateinische Spott bald populär wurde: »mulis et musis«. Eines der ältesten repräsentativen Häuser an der Allee, das vom Kammerdiener des Kurfürsten Johann Martitz erbaut worden war, danach Hofbeamten und Generälen als Quartier gedient hatte und seit 1706 vom Gouverneur der Stadt bewohnt war, wurde 1732 zum Palais für den Kronprinzen Friedrich erweitert, der aber bald schon nach Rheinsberg auswich; 1733 gab es eine Art Pendant für Friedrichs Schwestern, das Prinzessinnenpalais. Aber die höfischen Bauten setzten nur die Akzente. Die eigentliche Bautätigkeit ging von Adligen, Hofbeamten und immer mehr auch von französischen Handwerkern aus. Zwischen 1721 und 1737 sollen in ganz Berlin fast eintausend neue Häuser entstanden sein.

Und dann, nach 1740, machte Friedrich II. die »Linden« zu seinem ersten großen Bauplatz. Schon 1742 konnte Knobelsdorffs Opernhaus eröffnet werden, als Flanke eines geplanten großen Platzes, eines Friedrich-Forums. Daß die Katholiken, wenn sie schon eine eigene Kirche brauchten, dicht neben der Oper bauen mußten, zeigt, daß der große König auch als Architekt ein Zyniker war. Dem Prinzen Heinrich, seinem Bruder, spendierte er ein gewaltiges, zweiflügliges Palais, dessen Bau, vom Siebenjährigen Krieg lahmgelegt, fast zwei Jahrzehnte dauerte; 1766 konnte es bezogen werden, 1810 wurde es die Heimat der neugegründeten Berliner Universität. Gegenüber entstand, in nur zwei Jahren Bauzeit, die Königliche Bibliothek, wegen ihrer barocken Schwünge »Kommode« genannt. Ebenfalls unter Friedrichs Ägide waren fünfzig der älteren Gebäude durch sogenannte Immediat-Bauten (also von höchster Stelle verfügt) ersetzt worden. Jetzt schlossen sich beide Seiten der Allee zu einer annähernd gleichen Front.

J*a, das sind die berühmten Linden:* Der Charme der Straße wird durchaus gerühmt. Schon 1756 schreibt ein Chronist: »Im Sommer, sonderlich wenn die Linden blühen, gibt diese Allee eine sehr angenehme Spazierfahrt und Gang, und sieht man alsdann wie der Hof, viele Vornehme und andere mit

Blick vom Anfang der »Linden« auf das neue Opernhaus inmitten des ringsum noch kahlen ehemaligen Festungsgeländes, um 1745 (Radierung von Georg Füncke)

Karossen und Kutschen, zu Pferde und Fuß sich an dem angenehmen Schatten ergötzen.« Von solchen Empfindungen scheint ein anderer Besucher frei, der im Mai 1778 nur knapp Notiz nimmt:

»16. früh Porcellan fabr. Opernhaus. Cath Kirche Mittag bey Pr. Hans Georg. Nachm Graf, Chodowiecki. Wegelin. Abends die Nebenbuhler.

17. Zu Andre durch die Stadt, Spaldings Predig. Zu Frisch Zu Tafel Pr. Heinrich. Nacht. in Tiergarten. Abends zu Hause.

18. Arsenal Mittag zu Hause mit Wedeln. Visiten, Karschin. Elisium. Wegeli.«

Verfasser ist der knapp dreißigjährige Goethe, bei seinem ersten und einzigen Besuch in Berlin.

Übrigens zeigte sich auch Unter den Linden, daß das Zeitalter der Aufklärung eines der Illumination war: etwa zur Zeit von Goethes Visite werden die ersten Laternen über dem Mittelweg aufgestellt. Wenige Jahre darauf wird der Luxus perfekt: Teile der Straße werden gepflastert; nur noch die Reiter wirbeln jetzt Staub auf. 1791 endlich vollendet das 18. Jahrhundert sein Werk an dieser Straße: mit der Eröffnung des neuen Tores von Langhans, das die rührende alte Toranlage ersetzt und zugleich der gen Westen treibenden Häuserflucht Einhalt gebietet.

Daß es, schon 15 Jahre später, als arc de triomphe für den europastürmenden Napoleon dienen mußte, ist so verwunderlich nicht: denn Tore sind ohnehin gebaute Paradoxien. Des Kaisers Eindruck ist fast so nichtssagend wie der Goethes: »Der Weg von Charlottenburg nach Berlin ist sehr schön, der Einzug durch das Brandenburger Tor prächtig.« (Bulletin vom 28. Oktober 1806.) Einer der jungen Militärbeamten, die den Truppen folgen, ist von der ganzen Umgebung eher deprimiert: »Wir hausen in einem kleinen Palais mit vier Säulen vorn und einem Balkon darüber. Gegenüber steht das Zeughaus, ein großartiger Bau...überall, wo nicht gepflastert ist, watet man bis an die Knöchel im Sand; der Sand macht die ganze Umgebung zur Wüste...Wie konnte bloß jemand auf die Idee kommen, mitten in all dem Sand eine Stadt zu gründen.« Dieser bringt aus dem Feldzug seinen Schriftstellernamen heim: Stendhal.

Es waren übrigens gerade die napoleonischen Feldzüge, zuletzt dann der Befreiungskrieg, die eine lange anvisierte Umgestaltung der »Wüste« hinauszögerten. Um 1815 endlich konnte Karl Friedrich Schinkel daran gehen, seine weitreichenden Pläne für das Berliner Zentrum und die Straße Unter den Linden ins Werk zu setzen. Sein schönster Bau wurde die Neue Wache, im Stil eines römischen Castrums: nie wieder war Klassizismus so nah bei der Klassik. Aber als Stadtplaner erkannte Schinkel auch, daß die »Linden«, die mit dem Brandenburger Tor einen so markanten Ausgang hatten, nun auch ein repräsentatives Entree brauchten. Denn noch immer stand dort die alte hölzerne Brücke, die nach Meinung Schinkels »in der breitesten und schönsten Straße der Stadt ein höchst dürftiges Ansehen hatte und diese in ihrer Art unvergleichlich schöne Straße auf das Unschicklichste verengte und verunstaltete.« Anstelle der »Hundebrücke« entstand so die »Puppenbrücke«, wie die Neukonstruktion wegen des reichen Figurenschmucks bald genannt wurde. Die Einweihung am 28. November 1823 war ein Desaster: Beim Empfang der Kronprinzessin Elisabeth von Bayern brach ein provisorisches Geländer, und 22 Schaulustige stürzten sich zu Tode.

Ja, das sind die berühmten Linden. In dieser Retrospektive ist jetzt, 1822, die Zeit erreicht, da Heine mit seinem Brief aus Berlin selber fortfahren kann: »Ja, das sind die berühmten Linden, wovon Sie so viel gehört haben. Mich durchschauert's, wenn ich denke: Auf dieser Stelle hat vielleicht Lessing gestanden, unter diesen Bäumen war der Lieblingsspaziergang so vieler großer Männer, die in Berlin gelebt; hier ging der große Fritz, hier wandelte – Er! Aber ist die Gegenwart nicht auch herrlich? Es ist just zwölf und die Spaziergangszeit der schönen Welt. Die geputzte Menge treibt sich die Linden auf und ab. Sehen Sie dort den Elegant mit zwölf bunten Westen? Hören Sie die tiefsinnigen Bemerkungen, die er seiner Donna zulispelt? Riechen Sie die köstlichen Pomaden und Essenzen, womit er parfümiert ist? Er fixiert Sie mit der Lorgnette, lächelt und kräuselt sich die Haare. Aber schauen Sie die schönen Damen! Welche Gestalten! Ich werde poetisch!

»Ja, Freund, hier unter den Linden
Kannst du dein Herz erbaun,
Hier kannst du beisammen finden
Die allerschönsten Fraun.(...)«

Aber Heines Linden-Berühmtheit geht ja auf andere Verse zurück, die geradezu sprichwörtlich geworden sind:

»Blamier mich nicht, mein schönes Kind,
Und grüß mich nicht Unter den Linden.
Wenn wir nachher zu Hause sind
Wird sich schon alles finden.«

Dieses »Und grüß mich nicht unter den Linden« ist zur Chiffre geworden für die Lebenslüge auf offener Straße, für schneidiges Pharisäertum, für (groß)bürgerliche Heuchelei. Man wahrt den Schein, man geht, vor aller Augen, auf Distanz; man leugnet, stadt fein, die Hautnähe der vergangenen Nacht.

Aber man kann den Heineschen Warnruf auch ins Positive wenden und zur Charakteristik der Avenue nutzen. Dies ist eine Straße, auf der man sich ergehen, aber nicht sich gehen lassen kann. Die »Linden« heischen Comment. *Man wandelt unter Bäumen, man bäumt sich nicht auf.* Hier bewegt man sich auf glattem gesellschaftlichem Parkett. Man erscheint auf der Promenade wie in einer Zeitungskolumne. Tout Berlin liest mit, auch zwischen den Zeilen.

Dennoch: Flirt und Courmachen gehören zu den traditionellen Gangarten auf dieser Allee. Unter den Linden herrschte immer auch *Lust*wandel. Die Indizienbeweise der Literatur sind erdrückend, und erfrischend sind sie auch; Friedrich Heinrich Bothe dichtet:

»Unter den Akazien
wandeln gern die Grazien,
und die schönsten Mädchen finden
kannst du immer untern Linden
in Berlin, in Berlin,
wenn die Bäume wieder blühn.
Untern Linden auf und ab
wallen Herrn in Schritt und Trab. . .«

Was selbst schon Spott sein sollte, wurde noch parodiert, und dann klang es schon gröber und fast ein bißchen nach Reeperbahn:

»Unter den Linden, wie ihr wißt, wandeln, die da rufen pst!
Mildgesinnte Herzen finden, kannst du immer Untern Linden
In Berlin, in Berlin, wenn die Bäume wieder blühn.

Untern Linden ab und zu, lassen sie dir keine Ruh'
Flüstern, hört es auf zu tagen, pst! - will Ihnen etwas sagen
In Berlin, in Berlin, wenn die Pferde Schlitten ziehn. . .«

Aber selbst das (von Walter Kollo populär gemachte und umgedichtete) Berliner Lied rühmt ja die Straße als Parcours der großen Anmache:

»Untern Linden, untern Linden,
Gehn spaziern die Mägdelein!
Wenn du Lust hast anzubinden,
dann spaziere hinterdrein!
Wenn du an der Kranzlereck bist,
sagt sie dir noch, daß du keck bist,
bist du am Pariser Platz,
schwuppdich! ist sie schon dein Schatz!«

J*a, das sind die berühmten Linden:* Nach diesem kurzen Flirt mit den Linden-Liedern nehmen wir die historische Promenade wieder auf. Die Straße Unter den Linden gibt in jener Zeit auch dem Berliner Salon Raum. Sie ist gewissermaßen romantisches Terrain, hier und in der Nachbarschaft trifft sich das intellektuelle, das musikalische Berlin. Im Haus Nr. 21 wohnt zu Beginn der vierziger Jahre Bettine von Arnim; die Mittfünfzigerin führt immer noch ein großes Haus, ein großes Wort, sie balanciert zwischen den Zeiten, den Generationen, den Idealen. »Eine volle halbe Stunde währte unser Gespräch über die Gegend, die Studenten, die Zukunft Deutschlands. ›Was kann aus Euch werden‹, sagte sie, ›so lange die Alten Euch nichts werden lassen‹.« So notierte Jakob Burkhard 1842 nach einem Besuch bei der Grande Dame der deutschen Romantik. Das Thema der folgenden Jahre ist damit angeschlagen: die Jungen gegen die Alten, das Neue gegen die Restauration, die Bürger gegen die Adelsprivilegien, das Volk von Berlin

Rückkehr Kaiser Wilhelms I. von einer Ausfahrt, auf dem südlichen Fahrdamm der »Linden«, im Jahre 1887 (Holzstich nach einer Photographie)

gegen eine abgehobene Monarchie. Die Luft unter den Linden riecht nach Vormärz. In den zahlreichen Lesecafés der Nebenstraßen lesen sich die Berliner förmlich in republikanischen Furor. Mitte März 1848 erlebt die Straße, was ihr noch nie widerfahren war: Volkszorn, Demonstrationen, Barrikadenbau an den Ecken von Friedrich- und Wilhelmstraße gegen das Unter den Linden sich sammelnde Militär. Am 19. März werden die Truppen abgezogen; die Berliner Revolution hat, für einige trügerische Monate, gesiegt. Adolf Glaßbrenner gibt die Stimmung wieder: »Alles, alles jubelt im Morgenrot der Freiheit, alle Fremden sind voll Enthusiasmus über die Berliner. Die Barrikaden wachsen aus der Erde; nicht nur die Männer, auch die Frauen riefen zu den Waffen, schrien Rache; feine Damen trugen in ihren Kleidern Steine von der Straße aufs Dach und eiferten an, wo es irgend nötig schien. Neben den Handwerkern, Studenten, Künstlern, Beamten usw. schanzten und fochten die Proletarier, die Straßenjungen – mit heiligem Ernste! ... Vor jedem öffentlichen Gebäude Bürger und Studenten im Gewehr ... Hier und dort liest man ›Nationaleigentum‹, am Palais des Prinzen von Preußen außerdem die Worte: ›Hier wirken Männer aus dem Volke für das Volk‹.«

Schon Ende des Jahres ist der Traum von bürgerlicher Freiheit, von einer republikanischen Verfassung jäh ausgeträumt. Die Monarchie sitzt fester im Sattel als zuvor. Auch den »Linden« sieht man es an: »Schöne Straßen ohne freies Menschenleben sind wie leere Blätter in Prachtbänden, wie leere Flaschen mit lockenden Etiketts, wie schöne Menschen ohne Geist.« So Robert Springer im Jahr 1850.

Ein wenig von solcher Einschüchterung des zivilen Lebens läßt noch Theodor Fontane erkennen in der (späteren) Schilderung einer Episode, die immerhin anderthalb Jahrzehnte nach der Revolution spielt. Es handelt sich um einen Besuch im Café Kranzler, das an der dem Tor zugewandten Südecke der Friedrichstraße lag, aber noch keineswegs eine Hochburg des Kaffeeklatsches war, sondern eher das private Casino junger Offiziere.

Unter allen literarischen Äußerungen über eine der großen Linden-Adressen ist dies eine der sympathischsten, weil sie so klingt, als könnte sie ähnlich auch noch jedem von uns passieren, der mit einem Gast von auswärts partout ein sonst gemiedenes Lokal besuchen muß. Den Witz der Geschichte macht dabei, daß auch ein Gast damals nicht von ungefähr war, sondern aus Husum: Theodor Storm. Beide Theodore hatten einen Spaziergang durch den Tiergarten gemacht, und dann:

»Es mochte zwölf Uhr sein, als wir durchs Brandenburger Tor zurückkamen und beide das Verlangen nach einem Frühstück verspürten. Ich schlug ihm meine Wohnung vor, die nicht allzu weit ab lag; er entschied sich aber für Kranzler. Ich bekenne, daß ich ein wenig erschrak. Storm war wie geschaffen für einen Tiergartenspaziergang an dichtbelaubten Stellen, aber für Kranzler war er nicht geschaffen. Er trug leinene Beinkleider und leinene Weste..., darüber ein grünes Röckchen, Reisehut und einen Schal... Storm trug ihn rund um den Hals herum, trotzdem hing er noch in zwei Strippen vorn herunter, in einer kurzen und einer ganz langen. An jeder befand sich ein Puschel, der hin und her pendelte. So marschierten wir die Linden herunter bis an die berühmte Ecke. Vorne saßen gerade Gardekürassiere, die uns anlächelten, weil wir ihnen nicht ein gewöhnliches Straßenbild gewährten. Ich sah es und kam unter dem Eindruck davon noch einmal auf meinen Vorschlag zurück. ›Könnten wir nicht lieber zu Schilling gehen; da sind wir allein, ganz stille Zimmer.‹ Aber mit der Ruhe des guten Gewissens bestand er auf Kranzler ... Er trat zu der brunhildenhaften Kontordame, die selber bei der Garde gedient haben konnte, sofort in ein lyrisches Verhältnis und erkundigte sich nach den Einzelheiten des Büfetts. Die Dame bewahrte gute Haltung. Aber Storm auch. Er pflanzte sich dem Verkaufstisch gegenüber, an einem der Vorderfenster auf, in das zwei Stühle tief eingedrückt waren. ›Hier wird er Platz nehmen, an diesem Anker hielt ich mich. Aber nein ..., den schmalen Weg, der zwischen Fenster und Büfett lief, absperrend, nahm er unser Gespräch über Mörike wieder auf, und je lebhafter er wurde, je mächtiger pendelte der Schal mit den zwei Puscheln hin und her. Ich war froh, als wir nach einer habe Stunde wieder heil heraus waren.«

J*a, das sind die berühmten Linden:* Schon um die Mitte des 19. Jahrhunderts wird die Straße erkennbar als eine große elegante Hotelhalle, denn hier taten sich die ersten Häuser »am Platze« auf. Fünfzig Jahre, ehe das Adlon neben dem Brandenburger Tor die Hotel-Kultur des zwanzigsten Jahrhunderts, das Nonplusultra der Verwöhn-Ekstase einführte, gab es schon wahre Beherbergungspaläste, die mit ihren majestätischen Namen zur königlichen, später kaiserlichen Nachbarschaft Verbindung hielten. An der Ecke Wilhelmstraße (Unter den Linden 3) gab es das Hotel Royal oder auch Königshof, gegenüber (Nr. 72) das Imperial. Beiden lief wohl in den späteren Jahrzehnten des 19. Jahrhunderts das Hôtel de Rome den Rang ab (Nr. 39), das an der Ecke Charlottenstraße lag, neben der Königlichen Akademie (heute Staatsbibliothek). Ein wenig im Off lagen zwei der legendärsten älteren Quartiere, das Hotel de Russie und das Hotel d'Angleterre (Platz der Bauakademie). Gute Adressen waren auch das British Hotel (56), St. Petersburg (31), Meinhard's Hotel und das Victoria.

Dennoch hielt der ganz feine Adel immer auf Distanz zu solchen bürgerlichen Unterbringungen. Als es später Sitte wurde, große Bälle in Hotels zu feiern, weigerte sich eine Fürstin, ihre Tochter an einem solchen Ereignis teilnehmen zu lassen, mit den Worten: »Ma fille ne danse pas dans une auberge!«

J*a, das sind die berühmten Linden, wovon Sie so viel gehört haben:* So lange es in Berlin den königlichen, kaiserlichen Hof gab, waren die »Linden« der Vorhof. Die Straße diente den Majestäten gewissermaßen als ein riesiges Antichambre. Sie war eine Kulisse der Pracht und Machtentfaltung. Zwei breite Reitwege säumten (bis um die Jahrhundertwende, als einer abgeschafft wurde) die große Mittelpromenade. Als um 1910 die Straßenbahnen die Allee wenigstens überqueren wollten, ja mußten, verfügte der Kaiser die Quer-Untertunnelung der Straße. Die sollte vom eigentlichen Stadtverkehr frei, unbeschädigt bleiben (ein Gedanke, der längst nicht mehr so wilhelminisch-spleenig ist, wie er damals gewirkt haben muß).

Begrüßung der Braut des Kronprinzen, Herzogin Cecilie zu Mecklenburg-Schwerin, durch den Oberbürgermeister von Berlin, Martin Kirschner, am 3. Juni 1905 auf dem Pariser Platz

Die Ausritte waren auch Auftritte Wilhelms II. In einem Reiseführer heißt es: »Die Stunde, in der Seine Majestät Unter den Linden erwartet wird, erkennt man meist schon an den Schutzleuten, die in kleinen Zwischenräumen Aufstellung nehmen – auf der Südseite der Straße, wenn der Kaiser zu Wagen, auf der Nordseite, wenn er zu Pferde kommt. Die stärkste Aufmerksamkeit findet seine Majestät natürlich als Reiter; gewöhnlich sieht man ihn zwischen zwei Begleitern, Adjutanten und Oberstallmeister, aber etwa um Pferdes Nasenlänge den beiden voraus, im Sattel sitzen; die bekiesten Strecken der Reitallee werden in kurzem Trab, die gepflasterten Übergänge im Schritt genommen...Man grüßt Seine Majestät aus der Straße durch Frontmachen; die Herren in Zivil lüften den Hut, die Damen machen tiefe Verbeugung, die Kinder knicksen.« Babys konnten noch nicht dazwischenplärren: Kinderwagen waren Unter den Linden verboten.

1887 schreibt Jules Laforge: »Unter den Linden haben die Photographen ihre Reklameschaukästen; sie haben alle nur ein Thema: den Hof. Hier die Familie des Kronprinzen mit Ehrendamen und Adjutanzen beim Schlittschuhlaufen; dort eine Gruppe Jäger im Schnee: der Kronprinz, die Pfeife im Mund, Prinz Wilhelm, Minister Puttkamer, der russische Botschafter Graf Schuwalow; ein Stück weiter, die Familie Bismarck im Hochzeitsstaat auf der Schloßtreppe gruppiert, vorn die beiden Neuvermählten...endlich – Plüschrahmen, unter Herzogs- und Grafenkronen – goldgesprenkelt Hofmeister, Gardeoffiziere, die Fürstin Radziwil, etc.«

Daß es auch andere Kamera-Themen gab, oder daß auch ein Hofphotograph wie Georg Hermann Rückwardt den Blick hatte für Wichtigeres als lichtbildnerische Liebedienerei, dafür sind die Seiten dieses Bandes ein zugleich nüchterner und grandioser Beleg. Als Laforge seine kritisch-ironische Anmerkung schreibt, ist schon eine Generation jüngerer Berliner Stadtbeobachter am Werk, die nicht den photographischen Hofknicks macht, sondern die Bauwerke des Stadtzentrums dokumentiert, als ahnte sie deren Gefährdung voraus. (Über die Schöpfer dieser neuen »Linden-Rolle« gibt der Bericht im Anhang detaillierte Auskunft.)

Diese Photographien vergegenwärtigen eine Epoche: die siebzig Jahre von 1855 bis 1914, mit dem Schwerpunkt um die Jahrhundertwende. Sie bezeugen, daß selbst die Gebäude, die monumentalen Bauten, die alten Adels- und Bürgerhäuser, hier nicht bloß Spalier standen, sondern, mit vielfachen Veränderungen, in die legendäre Lebendigkeit der Allee einbezogen waren. Sie führen vor, wie die Hotelpaläste sich neben

Patriotische Kundgebung vor dem Kronprinzen-Palais, auf dem Platz am Zeughaus, am 22. August 1914 anläßlich des Sieges der Armee des Kronprinzen bei Longwy (Aufnahme von Max Missmann)

den alten Palais breitmachten, wie die großen Cafés die wichtigsten Straßenecken besetzt hielten, als wären es strategische Brückenköpfe, wie die heruntergelassenen Markisen vor den Geschäften den vorbeikutschierenden Adelsdamen ironischen Salut boten, und daß zu Nachbarn der alteingesessenen Gesandtschaften – etwa der russischen »sous les arbres 7« – in Nr. 8 auch eine große Schiffahrtsgesellschaft werden konnte. Illustriert werden sieben Jahrzehnte restaurativen Preußentums, aber eben auch Jahrzehnte dessen, was Guy de Maupassant so benannt hat: »Die große moderne Frage ist die Reklame; sie ist die Göttin des Handels und der Industrie unserer Zeit. Ohne Reklame kein Heil.« Zwischen Friedrichstraße und Pariser Platz verwandeln sich die »Linden« zu Beginn unseres Jahrhunderts immer mehr in eine Geschäftsstraße, in eine Park-Avenue der eleganten Welt. »Das Leben der Linden ist wie auf einem großen Luxusdampfer«, schreibt 1913 ein Chronist, und er fügt elegisch hinzu: »Berlinisch ist es nicht mehr.« Aber die Photographien belegen auch, daß es immer noch die »Subkultur« Unter den Linden gibt, die kleinen Händler, die Stände aus dem Stand, die Bazar- und Bizarrmomente. Neben der Luxuspromenade hält sich, hartnäckig, weichherzig, auch die Berliner Laube.

J*a, das sind die berühmten Linden:* Aber es gehört zu ihrem Mythos, daß die Straße, die wirklich »Unter den Linden« heißt, immer nur ein Teilstück dessen war, was man als »die Linden« begangen, bedichtet, bejubelt und besungen hat. Wo sie am berühmtesten war, hieß sie gar nicht so. Wenn man von der Schloßbrücke kommt, gibt es erst einmal den »Platz am Zeughaus«, dem sich der weiträumige »Opernplatz« anschließt, das alte Forum fridericianum – und damit ist fast schon ein halber Kilometer durchschritten. Und gut zweihundert Meter vor dem Ziel dankt der Name Unter den Linden auch schon wieder ab und überläßt dem »Pariser Platz« das Weitere, früher vor allem die Umfassung, Einordnung, Rahmung des Brandenburger Tors. Der Pariser Platz – wie dieses Buch eindringlich bezeugt – ist wohl der unwiederbringlichste Verlust, den die alte Promenade erlitten hat, weil er das Karree war, an dem die Geschichtsströme, die durch die Stadt gegangen sind, noch einmal in einem schönen, vielschichtigen architek-

Blick vom Pariser Platz »in die Linden« im Jahr 1936. Links die »Deutsche Länderbank«, rechts das Hotel »Adlon«

tonischen Ensemble zur Ruhe gebracht wurden. Um nur einiges zu nennen: das Palais Redern (das 1906 dem Neubau des Hotels Adlon weichen mußte), die Preußische Akademie, das Haus der Familie Liebermann, zugleich Atelier des großen Malers, dann der schöngegliederte alte Bau der französischen Botschaft: Adel, Geist, Kunst, Diplomatie, sie bildeten hier eine weitläufige, weltläufige Nachbarschaft.

Die Zerstörung kam nicht erst mit den Bomben des 2. Weltkriegs, nicht durch den Kampf um Berlin. Die Bruchstellen waren vorgegeben, als die erste deutsche Republik verloren, verwirkt war. Heinrich Mann, damals Präsident der Dichterakademie, hat es kommen sehen: »Eines Nachmittags beobachtete ich aus einem hohen Fenster der Akademie der Künste, wie daneben, am Brandenburger Tor, die berittene Polizei ihre Wache ablöste. Das Getrappel der Pferde damals, auf dem Pariser Platz, reichte weithin Unter den Linden; das Aufgebot von Mannschaft war offenbar stärker, als eine einfache Ablösung gerechtfertigt hätte. Sondern die republikanische Schutztruppe demonstrierte – und mit ihr eine angesammelte Menge. Ich sah geöffnete Münder, erregte Augen; die Zurufe, wie sie auch lauteten, meinten alle dasselbe: Rettet! Rettet! Sie klangen empört und doch verzagt. Ihr Unterton hieß: zu spät. An meinem Fenster oben begriff ich ihn zu gut.«

Ja, das waren die berühmten Linden: Werden sie es, können sie es wieder sein? Mit ihrer Leutseligkeit, mit ihrer (funktionierenden) Monumentalität, auch mit dem kleinen Kurschatten von Frivolem? Wer mit diesem Buch die alte Straße durchwandert und sich dabei auch für so etwas wie eine begehbare Zukunft interessiert, erlebt nicht nur ein Stück Nostalgie, sondern auch einen Appell. Nicht nur eine Traumreise, sondern auch eine Wachrüttelung. Diese Straße ist ein weites Feld, das ideenreich bestellt werden sollte, menschenfreundlich und mit Spaß an den Linden. Lieber Visionen als Fassaden. Lieber Leben als zuviel Stein. Lieber Promenade als Verkehrsstau. Diese alte Allee muß neu beginnen.

Dieter Hildebrandt

Von der Schloßbrücke bis zum Denkmal Friedrichs II.

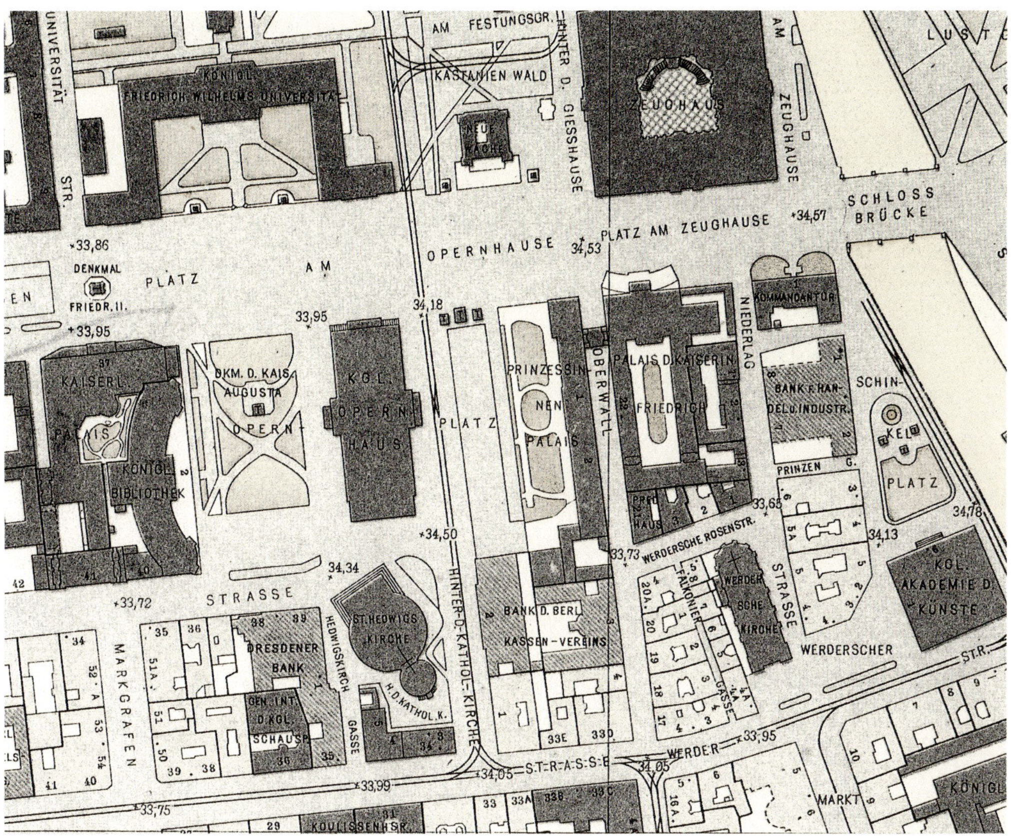

Blick auf Schloßbrücke und Museumsinsel, 1875. Im Rahmen seiner Planungen für städtebauliche Verbesserungen der Umgebung des Königlichen Palais konnte Karl Friedrich Schinkel auch die alte hölzerne Klappbrücke über den Kupfergraben, die »Hundebrücke«, durch eine neue ersetzen, die nach seinen Plänen von 1822 bis 1823 erbaut, aber erst 1824 ganz fertig wurde. Der Zyklus der acht Marmorgruppen, das »Leben eines Kriegers, vom Knaben bis zum Tode« darstellend, entstand zwar nach Schinkels Skizzen, wurde aber erst zwischen 1853 und 1858, lange nach seinem Tode, aufgestellt. Aufnahme von Lindau & Borchardt

Blick auf Schloßbrücke und Lustgarten, 1905. Vom Dach der Darmstädter Bank fällt der Blick direkt auf die Brücke, in deren mittlerem Joch man die Aufzugsklappen sieht, die nötig waren, weil bis 1894 der ganze Schiffsverkehr durch den Kupfergraben und Spreekanal ging. Die Klappen wurden 1912 beseitigt. Am Lustgarten sieht man das »Alte Museum« und rechts davon den im Februar 1905 eingeweihten Dom. Auf dem vorhergehenden Bild sieht man im Hintergrund das Wohnhaus des »General-Steuer-Direktors« und darüber die Kuppel der »Neuen Synagoge«, daneben ragt das »Neue Museum« hoch empor und rechts davon das »Alte Museum«. Aufnahme von Max Missmann

Blick von der Straße »Am Zeughause« zum «Platz am Zeughause« mit der Kommandantur, 1904. Links am Ufer des Kupfergrabens steht das Brückenwärterhäuschen für die Bedienung der Aufzugsklappen der Schloßbrücke, weiter hinten ein Toilettenhäuschen und ein Getränke-Kiosk. Im Hintergrund links das Schloß, dann die Petrikirchturmspitze, das Kaiser-Wilhelm-Denkmal und ganz rechts die Kommandantur. Dieser Teil der heutigen Straße Unter den Linden zwischen dem Zeughaus auf der Nordseite und Kommandantur und Kronprinzen-Palais auf der Südseite hieß bis 1937 »Platz vor dem Zeughause«. Aufnahme von Georg Bartels

Die Kommandantur, um 1880. Links überragt die Schloßkuppel die Häuser der Schloßfreiheit; auf dem Kupfergraben stauen sich die Spreekähne vor der Stadtschleuse. Das durch seinen Quaderputz wehrhaft erscheinende Haus der Kommandantur ist im Kern das ehemalige Wohnhaus des kurfürstlichen Architekten J. G. Memhardt, das dieser für sich 1653/54 erbaute. 1792 umgebaut, war es seit 1799 Sitz des Stadtkommandanten Berlins. Sein letztes Äußeres erhielt es durch Umbau und Aufstockung in den Jahren 1873/74. Im Zweiten Weltkrieg ausgebrannt, wurde die Ruine beseitigt und 1981 hier das Denkmal des Freiherrn vom Stein vom Dönhoffplatz aufgestellt. Aufnahme von F. Albert Schwartz

Blick vom Opernhaus auf den »Platz am Zeughause«, 1905. Kuppel und Türme des Domes am Lustgarten überragen das Zeughaus, auf dem man ganz links die Glas-Eisen-Kuppel seiner Ruhmeshalle erkennt. Im Hintergrund leuchten die Marmorstandbilder auf der Schloßbrücke hell, während im Vordergrund rechts die Denkmäler der Feldherren der Befreiungskriege, Gneisenau und Blücher, weniger gut hervorstechen. Im Vordergrund queren die Gleise der am 22. September 1894 eröffneten Straßenbahnverbindung zwischen dem nördlichen und südlichen Bahnnetz den Opernplatz. Aufnahme von Max Missmann

Das Zeughaus, 1881. Am 28. Mai 1695 legte Kurfürst Friedrich III. den Grundstein für sein Waffenarsenal. Die Pläne dazu schuf der Oberbaudirektor Johann Arnold Nering (1659–1695) unter Benutzung von Skizzen des Pariser Stadtarchitekten François Blondel. Nach Nerings Tod führten nacheinander Martin Grünberg, Andreas Schlüter und Jean de Bodt den Bau weiter. 1706 war er so weit vollendet, daß der König über dem Hauptportal sein bronzenes Reliefbildnis und die Widmungsinschrift anbringen lassen konnte. Endgültig fertiggestellt war das Zeughaus erst 1731. Ursprünglich waren im Untergeschoß die Kanonen und im Obergeschoß Gewehre und Hiebwaffen untergebracht sowie Trophäen. Das Zeughaus ist heute Sitz des Deutschen Historischen Museums. Aufnahme von Hermann Rückwardt

Kopf eines »sterbenden Kriegers« im Hof des Zeughauses. Nach J. A. Nerings überraschendem Tod am 21. Oktober 1695 übernahm Martin Grünberg die Leitung des Weiterbaues und stellte 1696 den Bildhauer Andreas Schlüter für die bildnerische Ausschmückung des Gebäudes an. Von Schlüter, der seit 1694 in kurfürstlichen Diensten stand, stammen die Modelle für die 22 Köpfe der sterbenden Krieger auf den Schlußsteinen der Hoffenster. Diese ergreifenden Darstellungen des Sterbens sind in der Kunst seit der Antike ohne Beispiel. Ringen mit dem Tode und stilles Dahingehen führen bis an die äußersten Grenzen menschlichen Daseins.

Der Lichthof im Zeughaus, 1880. Waffenarsenale dieser Art waren nach Mitte des 19. Jahrhunderts unmodern geworden, so daß auf Anregung Kaiser Wilhelms I. das Zeughaus zu einer Ruhmeshalle der Preußischen Armee und zum Waffenmuseum umgebaut wurde. Nach Plänen von Friedrich Hitzig erfolgte der Umbau von 1877 bis 1880. Er schuf die Glasdecke über dem Hof, die monumentale Freitreppe zur Ruhmeshalle (nach einem alten Entwurf de Bodts) und die Ruhmeshalle selbst. Beim Wiederaufbau des schwer beschädigten Gebäudes seit 1949 wurden die ausgebrannte Ruhmeshalle, die Freitreppe und das Glasdach wieder beseitigt. Aufnahme von Hermann Rückwardt

Königliches Palais und Prinzessinnen-Palais, 1855. Diese älteste bekannte Photographie von F. Albert Schwartz zeigt noch den Zustand der Kommandantur (links vor der Schloßkuppel) und des benachbarten Palais des 1840 verstorbenen Königs Friedrich Wilhelm III. vor den Umbauten von 1856/57 bzw. 1873/74. Das Königs-Palais sieht noch so aus, wie es Philipp Gerlach d. J. 1732/33 für den Kronprinzen Friedrich (II.) aus einem älteren Hause umgebaut hatte. Rechts daneben, durch einen hier nicht sichtbaren Schwibbogen mit dem Königs-Palais verbunden, der Kopfbau des an der Oberwallstraße liegenden Prinzessinnen-Palais, Wohnsitz der Töchter des Königs.

Das Kronprinzen-Palais, 1910. Nicht nur das holprige Katzenkopfpflaster auf den Plätzen ist verschwunden, sondern auch die bescheidenen Gaslaternen haben im Jahre 1888 hohen Bogenlichtlampen-Masten weichen müssen. Das einstige Königs-Palais wurde 1856/57 durch Johann Heinrich Strack für den Kronprinzen Friedrich Wilhelm (Kaiser Friedrich III.) umgebaut und aufgestockt. Der 1810/11 von Heinrich Gentz erbaute schmale Kopfbau des Prinzessinnen-Palais gehörte mit anderen Nebengebäuden bis 1918 ebenfalls zur kronprinzlichen Hofhaltung. Aufnahme von Max Missmann

Die Treppenhalle im Kronprinzen-Palais, 1911. Beim Umbau 1856/57 erhielt das Palais durch Strack an der Hofseite ein repräsentatives Treppenhaus in den »hellenischen Formen« der Berliner Schule. Der auf Säulen von buntem westfälischen Marmor ruhende Raum war der am reichsten ausgestattete des Palais und fand in seiner festlichen Eleganz bei den Zeitgenossen großen Beifall, im Gegensatz zur Ablehnung des weniger gelungenen Äußeren. Nach dem Tode der »Kaiserin Friedrich« war das Palais seit 1905 Wohnsitz des letzten Kronprinzenpaares bis 1918. Aufnahme der »Preußischen Meßbildanstalt«

Umgang im Treppenhaus des Kronprinzen-Palais, 1919. Die Gemälde an den Wänden gehen großenteils noch auf die Einrichtung der Zimmer Friedrich Wilhelms III. zurück. Rechts in der Ecke erkennt man gut das Gemälde von J. K. H. Kretschmar von 1800 »Der Große Kurfürst und der Prinz von Hessen-Homburg nach der Schlacht bei Fehrbellin«. Nachdem es Ludwig Justi, dem Direktor der National-Galerie, gelang, das Palais für seine »Neue Abteilung« moderner Kunst zu bekommen, die im August 1919 eröffnet wurde, kamen die Bilder aus dem ehemaligen königlichen Besitz in andere Schlösser, darunter der »Große Kurfürst« nach Cecilienhof in Potsdam. Aufnahme der »Preußischen Meßbildanstalt«

Die Neue oder Königswache am »Platz am Opernhause«, 1875. Das Wachtgebäude, in der Form eines »römischen Castrums«, wurde nach K. F. Schinkels Plänen 1817/18 erbaut; das Giebelrelief, nicht ganz nach Schinkels Zeichnungen gearbeitet, aber erst 1846 eingesetzt. Zu Schinkels Konzeption gehören auch die Standbilder der Generäle Scharnhorst (rechts) und Bülow (links). Sie wurden von Christian Daniel Rauch aus carrarischem Marmor gefertigt und 1822 aufgestellt. Ein Gitter grenzte bis 1931 den Vorplatz der Wache vom Bürgersteig ab. Auf dem Bild sieht man vor der linken Säule auf erhöhtem Podest den Wachtposten und neben ihm die wachfreien Soldaten. Die Gewehre stehen griffbereit zum Präsentieren davor im Gewehrständer. Aufnahme verlegt bei Lindau & Borchardt

Neue Wache und Feldherrendenkmäler, 1881. Dem »Friedrichsforum« benachbart entstand allmählich – bedingt durch Zeughaus und Königswache sowie die fünf Feldherrendenkmäler der Befreiungskriege – eine Art militärischen Forums. Die auch dazu zählenden drei französischen Beutegeschütze von 1814 und 1871, die im »Kastanienwäldchen« zwischen Wache und Zeughaus standen, sieht man auf den Bildern nicht. Die Neue oder Königswache erhielt ihre Namen, weil es erstens (etwas halbrechts) schon vor ihr ein älteres Wachtgebäude gab und zweitens, weil von hier aus die Wachen vor dem Königlichen Palais und anderen Gebäuden gestellt wurden. Aufnahme von Hermann Rückwardt

Kronprinzen- und Prinzessinnen-Palais und Scharnhorst-Denkmal, 1881. Diese Palais, die in ihrer Architektur keine »Prachtbauten« sind, tragen in ihrer Erscheinung doch entscheidend zum guten Bild der Plätze vor den eigentlichen »Linden« bei. Das war nicht zuletzt auch ein Grund dafür, daß das fast ganz zerstörte Prinzessinnen-Palais 1962/63 als »Operncafé« und das schon bis auf die Grundmauern abgebrochene Kronprinzen-Palais 1968-72 als Gästehaus wieder aufgebaut wurden. Das 1950 hier entfernte Scharnhorst-Denkmal fand 1964 auf der anderen Seite, neben dem Operncafé, neue Aufstellung. Aufnahme von Hermann Rückwardt

Der Säulensaal des Schinkel-Museums im Prinzessinnen-Palais, 1933. Nach der Übernahme des Kronprinzen-Palais für die »Neue Abteilung« der Nationalgalerie gelang es Ludwig Justi im Jahre 1929, auch den vorderen Teil des Prinzessinnen-Palais für die Einrichtung eines Schinkel-Museums zu erhalten. Am 13. März 1931, dem 150. Geburtstag des Meisters, wurde das vom Kustos Paul Ortwin Rave eingerichtete Museum eingeweiht, das auch die Kunstsammlung Peter Beuths enthielt. Das Bild zeigt den Blick aus dem Eingangsraum im Obergeschoß in den Säulensaal mit Entwürfen für die Wandbilder des Alten Museums und den Zeichnungen der Italienischen Reise. 1933 wurde das Schinkel-Museum in die Bauakademie verbannt. Aufnahme der »Preußischen Meßbildanstalt«

Die Feldherrendenkmäler am Opernplatz, 1877. Viele Menschen haben heute kein Gefühl mehr dafür, wie stark die Epoche der Befreiungskriege 1813-15 die Zeitgenossen bewegte. Es war damals eine Selbstverständlichkeit für alle, und nicht nur für das Könighaus, den populären Feldherren der Kriege Denkmäler zu setzen. Wir sehen in der Mitte, auf höherem Sockel, das 1826 enthüllte Denkmal des »Marschall Vorwärts«, Gebhardt Leberecht von Blücher, links das Denkmal für den »alten Isegrimm«, Feldmarschall Ludwig v. Yorck, und rechts »Blüchers Kopf« und Generalstabschef, Feldmarschall A. W. A. Neidhardt v. Gneisenau; beide 1855 enthüllt. Die Modelle zu den Bronzestandbildern stammen von C. D. Rauchs Meisterhand.

Opernplatz mit Opernhaus und Hedwigskirche, um 1880. Der Platz, ursprünglich nur eine sandige Fläche, erhielt seine Grünanlagen zwischen 1845 und 1850 nach einem Plan Peter Joseph Lennés. Links erhebt sich das Opernhaus in der Form, die ihm Karl Ferdinand Langhans d. J. nach dem Brand von 1843 gab; rechts davon die katholische Hedwigskirche noch mit der ziegelgedeckten Kuppel ohne Laterne. Sie wurde auf einem vom König geschenkten Bauplatz – wahrscheinlich nach Plänen von G. W. v. Knobelsdorff – aus Spendengeldern von 1747 bis 1773 errichtet. Seit 1930 ist St. Hedwig Kathedralkirche des neugebildeten Bistums Berlin. Aufnahme von F. Albert Schwartz

Das »Königliche Opernhaus«, 1905. Als erstes Gebäude an seinem geplanten »Forum« ließ König Friedrich II. durch seinen Freund, den Architekten Georg Wenzeslaus von Knobelsdorff, ein Opernhaus erbauen, das 1741 begonnen und, noch unfertig, zu Weihnachten 1742 eingeweiht wurde. 1788 baute Karl Gotthard Langhans d. Ä. es um, um mehr Plätze für ein nun auch bürgerliches Publikum zu schaffen. Am 18. August 1843 brannte es vollständig aus und wurde durch des älteren Langhans Sohn Karl Ferdinand wieder aufgebaut. Dabei wurden, um Nebenfoyers zu gewinnen, die beiden seitlichen Risalite etwas hinausgerückt, wie die Bilder es zeigen. 1904 erhielt der Bau die häßlichen eisernen Nottreppen. Aufnahme von Max Missmann

Das Opernhaus, 1928. Nachdem Pläne, am Königsplatz ein großes Opernhaus zu errichten, durch den Weltkrieg zunichte wurden, entschloß sich der Preußische Staat zum Umbau des alten Hauses. Dieser wurde nach Plänen von Eduard Fürstenau von 1926 bis 1928 durchgeführt. Das hohe Bühnenhaus hatte schon seit 1910 die »Langhausidee« Knobelsdorffs gestört und war nun durch die vorgezogenen Seitenbühnen vollends verschwunden. Leider wurde damit auch die Ansicht der Hedwigskirche empfindlich beeinträchtigt. Hier sieht man sie in der neuen Gestalt mit Kuppel und Laterne, die sie beim Umbau 1884-87 durch Max Hasak erhielt. Im Zuge des Opernhausumbaus verschwanden auch die Grünanlagen auf dem Platz. Aufnahme von Max Missmann

Der Apollosaal des Opernhauses, 1920. Beim Wiederaufbau des abgebrannten Opernhauses 1843/44 wollte Langhans d. J. auch die Fläche des Apollosaales verkleinern, um Nebenräume und -treppen zu schaffen, an denen es dem Hause mangelte. Durch Entscheidung des Königs mußte der Saal aber im alten Umfang wiedererstehen.
Der überwiegend in Weiß, Gold und Rot dekorierte Saal galt als ein Meisterwerk. Beim Luftangriff am 9./10. April 1941 brannten Apollosaal und Zuschauerraum vollständig aus. Aufnahme der »Preußischen Meßbildanstalt«

Der Zuschauerraum des Opernhauses, 1920. Langhans' Apollosaal wurde bei weitem übertroffen von der Pracht des Zuschauerraums, in den man hier von der Bühne her hineinblickt. Auch dieser Saal war in Weiß, Gold und Rot dekoriert und galt lange Zeit als der schönste der neueren Theater. Die Umbauten von 1895 und 1926/28 ließen ihn unverändert bis auf notwendige Schönheitsreparaturen. Nach dem Brand von 1941 wurde er vereinfacht wiederaufgebaut, um am 3. Februar 1945 erneut zerstört zu werden. Das dann zum drittenmal wiederaufgebaute Opernhaus wurde mit Wagners »Die Meistersinger von Nürnberg« am 4. September 1955 eröffnet. Aufnahme der »Preußischen Meßbildanstalt«

Die »Königliche Bibliothek« am »Platz am Opernhause«, 1879. Als letzten Bau des von ihm einst mit Knobelsdorff geplanten »Forum Fridericianum« ließ der König das Bibliotheksgebäude errichten. Nach Plänen von Georg Christian Unger unter Benutzung eines älteren Fassadenentwurfes Johann Emanuel Fischers von Erlach d. J. für den Michaelertrakt der Wiener Hofburg – erbaute es Georg Friedrich Boumann d. J. von 1775 bis 1780. Im Volksmund bürgerte sich dafür schnell die Bezeichnung »Kommode« ein. 1780 hatte die Bibliothek einen Bestand von etwa 150 000 Bänden, so daß das Sockelgeschoß noch als Kulissenmagazin der Oper genutzt werden konnte. Bis 1880 war der Bestand auf 900 000 Bände angewachsen. Aufnahme von Hermann Rückwardt

Das Kaiser-Wilhelm-Palais, Unter den Linden 37, 1879. Aus dem Vorgarten der Universität blickt man auf die vornehme Fassade des Palais des Kaisers, dessen gehißte gelbe Standarte seine Anwesenheit anzeigt.
Links davon die Bibliothek und rechts das Friedrichsdenkmal. Kaiser Wilhelm I., damals noch »Prinz von Preußen«, ließ sich das Palais anstelle eines älteren Hauses von 1834 bis 1837 durch Karl Ferdinand Langhans d. J. errichten.
Er bewohnte es auch als König und Kaiser, bis zu seinem Tode am 9. März 1888. Das Fenster im Erdgeschoß ganz links ist das »historische Eckfenster«, von dem aus der Kaiser sich beim mittäglichen Wachaufzug dem Publikum zeigte.
Aufnahme von Hermann Rückwardt

Der »Efeugarten« des Kaiser-Wilhelm-Palais, 1896. Diese romantische Bezeichnung hatte der enge Hof, von dem die ihm zugewandten Räume nur spärliches Licht um die Mittagszeit erhielten. Hinter dem Fenster ganz rechts im Erdgeschoß lag das Schlafzimmer des Kaisers, in dem er am 9. März 1888 auch gestorben ist, darüber das Bade- und Toilettenzimmer der Kaiserin Augusta. In dem halbrunden Vorbau lag unten die Waffenhalle, die mit dem links danebenliegenden Raum den Durchgang vom Seiteneingang des Palais bildete. Hinter den großen Glasfenstern liegt der Wintergarten, ein Nebenraum des Tanzsaales. Davor zieht sich außen ein glasbedeckter Verbindungsgang um das ganze Haus zu den im Hintergebäude liegenden Festräumen. Aufnahme von Hugo Rudolphy

Der Tanzsaal im Kaiser-Wilhelm-Palais, 1890. Vom südlichen Vorraum blickt man in den kreisrunden Saal, in dem 20 korinthische Säulen das Gebälk mit einer Galerie tragen. Den Raum überwölbt eine Flachkuppel, die in der Mitte geöffnet ist und den Blick auf ein Stück als Himmel bemalter Decke freigibt. Vor den glänzend weißen Stucco-lustro-Wänden kam das Rot und Gold der zwischen den Säulen stehenden Tische, Stühle und Sofas sowie die Farbigkeit der übrigen Dekoration erst bei künstlicher Beleuchtung zur vollen Wirkung. In der Mitte des Saales steht der Flügel, auf dem bei musikalischen Soireen auch Franz Liszt gespielt hat. Das Palais brannte beim Luftangriff am 22./23. November 1943 aus und ist jetzt hinter der alten Fassade ein völliger Neubau. Aufnahme von Eduard Mertens

Der »Platz am Opernhause«, 1905. Umgeben von Bibliothek, Universität und Opernhaus präsentiert sich hier das »Forum Fridericianum«, seit 1911 »Kaiser-Franz-Joseph-Platz« und seit 1947 »Bebelplatz« im Schmuck seiner um 1850 geschaffenen Grünanlagen. Ganz vorn steht die von der Kaiserin zum 90. Geburtstag des Monarchen am 22. März 1887 gestiftete »Kaiservase« und dahinter das 1895 enthüllte Denkmal der Kaiserin Augusta von Fritz Schaper; es wurde 1925 in den Monbijoupark versetzt. Gegenüber stehen seit 1883 links und rechts vom Eingang zum Universitätsvorhof die Denkmäler der Brüder Wilhelm und Alexander von Humboldt. Aufnahme von Max Missmann

Die Universität am »Platz am Opernhause«, um 1880. Als zweites Bauwerk an seinem »Forum« ließ Friedrich II. ein stattliches Palais für seinen jüngeren Bruder, den Prinzen Heinrich, errichten. Der etwas nüchtern wirkende Bau entstand, wahrscheinlich ebenfalls nach Plänen G. W. v. Knobelsdorffs, durch J. Boumann d. Ä. von 1748 bis 1765, unterbrochen durch den Siebenjährigen Krieg. Nach dem Tode des Prinzen 1802 noch von seiner Witwe bewohnt und verschiedenen anderen Zwecken dienend, zum Teil auch als Wohnungen vermietet, wurde das Palais 1809 vom König der neugegründeten Universität zugewiesen. Aufnahme von F. Albert Schwartz

Vestibül und Wandelhalle im Universitätsgebäude, 1909. In den ersten Jahren ihres Bestehens mußte die Universität ihr Haus noch mit mehreren Mitbewohnern teilen. Erste Umbauten waren erst nach den Befreiungskriegen möglich; zwischen 1836 und 1846 erfolgten Umbauten, 1875/76 erneute Bauarbeiten und von 1889 bis 1892 ein durchgreifender Umbau, der bis zur starken Zerstörung des Gebäudes im Zweiten Weltkrieg die Raumeinteilung bestimmte. 1891 entstand auch die neue Eingangshalle, die das Bild zeigt und durch die man zur Wandelhalle blickt, die an der Gartenseite lag. Links und rechts führen die Treppenläufe in das 1. Stockwerk. Ihren alten Namen Friedrichs-Wilhelms-Universität erhielt sie im Jahre 1828. Aufnahme der »Königlichen Meßbildanstalt«

Der Botanische Garten hinter der Universität, 1912. Schon 1810 schlug Prof. Hufeland vor, in dem völlig verwahrlosten Garten hinter der Universität einen kleinen Botanischen Garten anzulegen, da der Garten in Schöneberg zu weit entfernt lag. Aber erst 1821 konnte mit der Einrichtung des Gartens begonnen werden. Er hatte anfangs eine Größe von 47 Ar und lag auf dem westlichen Drittel der Grünfläche hinter der Universität zur Universitätsstraße hin. 1824 wurde auch ein Gewächshaus gebaut. Er nahm in der Folge einen beachtlichen Aufschwung und mußte noch vergrößert werden. Der Neubau der Staatsbibliothek beeinträchtigte dann seine Lichtverhältnisse – im Bild blickt man aus den Anlagen auf den Ostflügel der Bibliothek – und 1913 wurde er für den Erweiterungsbau der Universität geräumt. Aufnahme von Thalheim

Der Bau des »Lindentunnels« neben dem Prinzessinnen-Palais, November 1914. Die 1894 eröffnete oberirdische Straßenbahnverbindung zwischen den Stadtteilen nördlich und südlich der »Linden« genügte sehr bald dem Verkehr nicht mehr, so daß man aufgrund des Kaiserwortes »Drunter durch, nicht drüber weg« seit 1901 den Bau eines Tunnels erwog. Die Vorbereitungen und Genehmigungen der Baupläne zogen sich so lange hin, daß erst im September 1914, nach Ausbruch des Krieges, mit dem Tunnelbau durch Siemens & Halske begonnen werden konnte. Am 10. Dezember 1916 wurde die Anlage in Betrieb genommen, die Kosten von 3,2 Millionen Mark erforderte, davon ging eine Million für Grunderwerb an die Universität. Das Bild zeigt die beginnenden Ramm- und Ausschachtungsarbeiten an der östlichen Tunneleinfahrt vor dem Garten des Prinzessinnen-Palais.

Der Bau des »Lindentunnels« am Kaiser-Franz-Joseph-Platz, Dezember 1914. Um den Verkehr zwischen den »Linden« und dem Lustgarten nicht zulange zu behindern, wurden die Bauarbeiten mit der Untertunnelung der Straße begonnen, wie man es auf beiden Bildern an den umzäunten Baustellen erkennt. Auch von der Nordseite her, wo der Tunnel (noch heute zu sehen) dicht neben der Universität verläuft, wurden die Arbeiten gleichzeitig zum östlichen und westlichen Tunnel vorgetrieben. Der westliche Tunnel begann da, wo man im Bild die Ramme sieht. Am 22. November 1926 wurde die von der Behrenstraße her befahrene westliche Tunnelstrecke stillgelegt. Die östliche zwischen der Französischen und Dorotheenstraße war noch bis 1951 in Betrieb.

Eingangsrisalit des Akademiegebäudes, Unter den Linden 38, 1902. Die Aufnahme vom Mittelteil der Lindenfront entstand etwas früher als das nächste Bild, als das Gebäude von seinen Benutzern geräumt war. Hier deuten schon die Gardinen an den Fenstern und das offene Portal auf seine Benutzung hin. Im großen Fenster über dem Eingang sieht man die vom Hof-Uhrmacher Möllinger geschaffene Uhr, die damals die Normaluhr Berlins war. Nach dem Abbruch des Gebäudes gelangte sie in das Märkische Museum, wo sie noch jetzt zu sehen ist. Bei der Hausnummerierung der «Linden« ist zu beachten, daß 1937 eine Umnummerierung stattfand, als der »Platz vor dem Zeughause« und der »Platz am Opernhause« in die Straße mit einbezogen wurden. Die Nummerierung beginnt und endet seitdem nicht mehr am Pariser Platz, sondern fängt auf der Südseite mit der Kommandantur als Nr. 1 und auf der Nordseite mit dem Zeughaus als Nr. 2 an und endet am Pariser Platz mit Nr. 77 und 82. Aufnahme der »Königlichen Meßbildanstalt«

Das Akademiegebäude, 1904. Die Südseite des »Akademieviertels« zwischen Unter den Linden – Charlottenstraße – Dorotheenstraße und Universitätsstraße bildete das im Kern 1687/88 von J. A. Nering errichtete Marstallgebäude. Für die Akademie der Künste 1696/97 aufgestockt und für die Akademie der Wissenschaften bis 1711 an der Dorotheenstraße erweitert, brannte der Lindenflügel 1743 ab und wurde von Johann Boumann d. Ä. bis 1748 wiederhergestellt. Sein letztes Aussehen erhielt er 1816-20 durch einen Umbau von Bauinspektor Friedrich Rabe. Aufnahme von Max Missmann

Der hintere Hof des Akademiegebäudes an der Dorotheenstraße, 1902. Das »Akademieviertel« war durch ein Quergebäude in zwei Hälften geteilt, in deren beiden Höfen wiederum mehrere kleine Bauten standen. Hier blickt man aus einem Fenster des Dachgeschosses in den nördlichen Hofteil und auf den 1710/11 erbauten Sternwartenturm der Akademie der Wissenschaften. Dahinter sieht man die nördliche Häuserzeile der Dorotheenstraße.
Der heruntergekommene Zustand der Gebäude – kurz vor dem Abbruch – ist dadurch zu erklären, daß man bereits seit etwa 1890 den Abbruch des »Akademieviertels« zugunsten eines Bibliotheksneubaues diskutierte. Aufnahme der »Königlichen Meßbildanstalt«

Die ehemalige Reitbahn im vorderen Hof des Akademiegebäudes, 1902. Außer den beiden Akademien und dem »Königlichen Marstall« war im Akademieviertel an der Seite der Charlottenstraße bis 1889 auch eine Eskadron des Regiments »Gardes du Corps« in einer 1829-32 erbauten Kaserne untergebracht. Für das bis 1806 in Bürgerquartieren liegende Regiment »Gens d'armes« wurde 1792 im vorderen Hof vom Baurat Friedrich Becherer eine Reitbahn erbaut, deren charakteristisches Merkmal das hohe Bohlenbinderdach war. Die »Gardes du Corps« benutzten die Reitbahn bis zu ihrer Verlegung nach Potsdam. Danach an Privatleute verpachtet, wurde die Halle 1903/04 mit dem ganzen »Akademieviertel« abgebrochen. Aufnahme der »Königlichen Meßbildanstalt«

Geschäftszimmer der »Akademischen Hochschule für die bildenden Künste« im Akademiegebäude, 1902.
Die Hochschule war ein Teil der »Königlichen Akademie der Künste« und stand seit 1875 unter der Leitung des Direktors Anton von Werner. So war außer dem Sekretariat der Akademie auch das Büro der Hochschule im Akademiegebäude untergebracht. Im Bild sieht man am Geldschrank wohl den Inspektor der Hochschule, Alban Croner, der seit 1892 die Kassen- und Verwaltungsgeschäfte führte. Aufnahme von Hugo Rudolphy

Ein Meisteratelier der »Akademischen Hochschule für die bildenden Künste«, 1902. Neben den fachbezogenen Lehrsälen für die Studierenden der Hochschule gab es im Akademiegebäude noch einige Meisterateliers für die individuelle Ausbildung der Maler, Bildhauer, Architekten, Kupferstecher und Radierer. Hier sieht man wohl das Atelier des Malers Professor Arthur Kampf (1864-1948), dessen offizieller Titel »Vorsteher eines Meisterataliers für Historienmalerei an der Königlichen Akademie der Künste« lautete; photographiert kurz vor dem Umzug in den Neubau der Hochschule in der Hardenbergstraße. Aufnahme von Hugo Rudolphy

Versuche der Freskomalerei im Dachgeschoß des Akademiegebäudes, 1902. Bei dem ständigen Raummangel, an dem die Hochschule der bildenden Künste im Altbau litt, mußte man selbst die Korridorwände bemalen. Diese interessanten, künstlerisch mehr oder weniger bedeutenden Versuche waren für das breite Publikum natürlich nicht zugänglich. Aufnahme von Hugo Rudolphy

Versuche der Freskomalerei im Dachgeschoß des Akademiegebäudes, 1902. Diese bescheidenen Übungssäle und Ateliers der Hochschule lagen im von der Straße her nicht sichtbaren zweiten Obergeschoß, eigentlich einem ausgebauten Dachraum. Während die Übungsräume mit Fenstern zum Hof hin lagen, erhielt der langgestreckte Korridor sein Licht von der Universitätsstraße. Aufnahme von Hugo Rudolphy

Das Friedrichsdenkmal und die Straße Unter den Linden, 1875. Das »Friedrichsforum«, erst seit 1937 ein Teilstück der »Linden«, wird westlich abgeschlossen durch das Reiterstandbild Friedrichs des Großen. Dahinter beginnt die Mittelpromenade der Straße und führt durch das Brandenburger Tor hinaus in den Tiergarten. Ganz rechts im Bild sieht man das im Bau befindliche »Grand-Hotel de Rome«. Aufnahme verlegt bei E. Oertel

Die neue »Königliche Bibliothek«, Unter den Linden 38, 1913. Ein ähnlicher Blick nach Westen wie das vorhergehende Bild, etwa 40 Jahre später. Anstelle des bescheidenen Akademiegebäudes erhebt sich der prunkvolle Neubau der »Königlichen Bibliothek«, der das benachbarte Universitätsgebäude kräftig überragt. Nach Ernst von Ihnes Entwürfen wurde er von 1903 bis 1913 errichtet und am 22. März 1914 eingeweiht. Im rechten, östlichen Flügel erhielt die Akademie der Wissenschaften ihre neuen Räume. Aufnahme von Max Missmann

Das »Niederländische Palais«, Unter den Linden 36, 1909. Das Palais wurde 1752/53 erbaut, erhielt 1777 seinen Säulenvorbau und kam 1803 aus dem Besitz der Armendirektion in den des Erbprinzen Wilhelm von Oranien (König Wilhelm I. der Niederlande), nach dem es benannt wurde. Der äußerlich schlichte Bau hatte im Innern einige gut dekorierte Räume, darunter den ovalen Speisesaal von Langhans d. Ä. 1873 kam das Palais wieder an das preußische Königshaus und 1882 erwarb es Kaiser Wilhelm I., der es umbauen und dort Gäste-Wohnungen einrichten ließ. Eine kleine Gasse trennte das Palais vom Kaiser-Wilhelm-Palais, sie wurde durch eine gläserne Galerie überbrückt. Anstelle des am 22./23. November 1943 ausgebrannten Hauses steht jetzt ein Neubau mit der nachempfundenen Fassade des ehemaligen Gouverneurshauses. Aufnahme der »Königlichen Meßbildanstalt«

Das Denkmal Friedrichs des Großen, 1879. Schon zu Lebzeiten des Königs, 1779, entstand der Gedanke, ihm ein Reiterdenkmal zu errichten, aber der König winkte ab. Nach seinem Tod gab es mehrfach Anläufe für ein Denkmal, doch erst 1835 wurde Christian Daniel Rauch mit der Planung beauftragt; 1839 die Ausführung nach einem seiner drei Modelle beschlossen und am 1. Juni 1840 am Anfang der »Linden« der Grundstein gelegt. Am 31. Mai 1851 konnte das nach Modellen von C. D. Rauch und seiner Mitarbeiter gegossene bronzene Reiterstandbild enthüllt werden. Es gilt als das künstlerisch bedeutendste Denkmal des 19. Jahrhunderts in Deutschland. 1950 wurde es abgebaut und im Park von Sanssouci deponiert, 1963 im dortigen Hippodrom aufgestellt und 1981 wieder nach Berlin zurückgebracht und etwas östlich des alten Standortes wiedererrichtet. Aufnahme von F. Albert Schwartz

Von der Charlottenstraße bis zur Schadowstraße

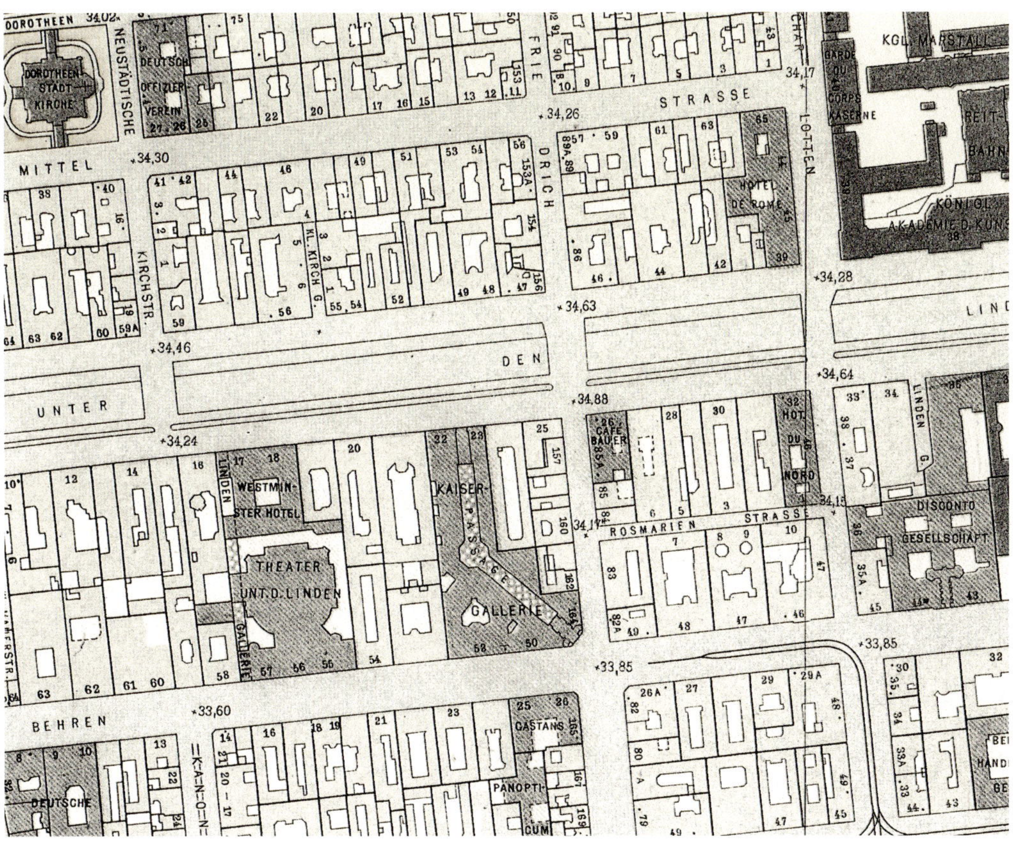

Unter den Linden 33, Ecke Charlottenstraße, 1879. Das prächtige Eckhaus, 1871/72 erbaut von Hermann Ende & Wilhelm Böckmann in dem für sie typischen Renaissancestil, beherbergte in der Beletage das vornehme Restaurant de l'Europe von Poppenberg. Im Erdgeschoß links war (schon seit 1820 im Vorgängerbau) das älteste Berliner Optikergeschäft von Eduard Petitpierre. Daneben liegen die Geschäftsräume des Bankhauses Samelson & Sackur, dem das Haus bis 1878 gehörte. Ganz links im Bild das Haus Nr. 35, »Hotel du Nord«, und daneben, durch die Lindengasse getrennt, das 1871/72 durch Wilhelm Neumann/von Mörner erbaute Haus der »Preußischen Central-Boden-Kredit-Bank«, Unter den Linden 34. 1915 gingen Nr. 33 und 34 an die Disconto-Gesellschaft über, die hier 1922/23 einen großen Neubau errichten ließ, der heute noch steht. Aufnahme von F. Albert Schwartz

Die Südseite der »Linden« mit der Konditorei Kranzler und dem Café Bauer, 1908. Von rechts nach links blickt man auf die Häuser von Kranzler, Unter den Linden 25, Ecke Friedrichstraße; Hotel und Café Bauer, Nr. 26; Restaurant »Hopfenblüte« von H. Rieprich, Nr. 27; das Haus der Hofjuweliere Gebr. Friedländer, Nr. 28; Nr. 29 und 30, der Habelschen Weinhandlung gehörend; den Neubau des Juweliers Eugen Marcus, Nr. 31 und das von Carl Gause errichtete »Carlton-Hotel«Nr. 32, Ecke der Charlottenstraße, das als einziges Haus dieser Reihe noch erhalten ist. An den Ecken der unmäßig breiten Friedrichstraße stehen jetzt rechts das »Grand-Hotel« und links das Büro- und Geschäftshaus »Linden-Corso«, das 1997 eröffnet werden soll.

Unter den Linden 29, 1897. Das nur vier Fenster breite Haus ist noch der alte, bereits auf dem Lindenpanorama von 1820 abgebildete Bau. Er gehörte 1897 den Scholzschen Erben, die ihn 1902 an Wilhelm Simon Heinrich Habel verkauften, den Besitzer der benachbarten Weinhandlung. Die Tabakwarenhandlung von Willy Arend im Erdgeschoß rechts war wie ihre Vorgänger N. P. Adamowitsch und Nachfolger J. Rawel auf orientalische Tabake spezialisiert. Links sehen wir das Herren-Konfektions-Geschäft von Heider & Jean Jaques. W. S. H. Habel ließ hier einen Neubau errichten und erweiterte so seine Kellereien und die Weinstube, das 1908 erworbene Haus Nr. 28 wurde ebenfalls einbezogen. Aufnahme von Georg Bartels

Die Habelsche Weinhandlung, Unter den Linden 30, 1910. Die stadtbekannte Weinhandlung »Gebrüder Habel« wurde am 15. November 1789 von den Brüdern Johann Simon und Johann Georg Habel, die aus Hachtel bei Rothenburg ob der Tauber stammten, gegründet. Schon 1788 kaufte Johann Simon das wahrscheinlich 1683 erbaute Haus Unter den Linden. Im Jahre 1801 ließ er es umbauen, wobei es sein bis zur Zerstörung im Zweiten Weltkrieg gültiges Aussehen erhielt; die bis zur Rosmarinstraße durchgehenden Hintergebäude wurden allerdings 1902/03 zusammen mit dem Nachbarhaus Nr. 29 neugebaut. Die alten Weinstuben hatten sich bis zuletzt fast unverändert in einer einfachen Gemütlichkeit erhalten und waren eine Sehenswürdigkeit und beliebter Treffpunkt der Weinfreunde. Aufnahme der »Königlichen Meßbildanstalt«

Die Nordseite der »Linden«, Ecke Charlottenstraße, 1870. An der Westecke der Charlottenstraße steht das alte »Hotel de Rome« oder »Stadt Rom«, Unter den Linden 39. Es ist noch der schöne Immediatbau (auf königliche Kosten erbautes Haus) den Georg Christian Unger 1775 errichtete. Eine kleine Freitreppe mit vier Stufen führte in das Haus, das 50 Zimmer hatte. Da viele Gäste noch im eigenen Kutschwagen kamen, befanden sich auf dem von der Charlottenstraße her zugänglichen Hof auch Wagenremisen und Pferdeställe. Das Hotel bzw. der Gasthof gehörte trotz seiner damals noch üblichen bescheidenen Einrichtung zu den renommiertesten der Stadt. Sein Besitzer Saust verkaufte ihn 1855 für 110 000 Taler an den Hotelier Adolf Mühling. Aufnahme von J. F. Stiehm

Das »Grand Hotel de Rome«, Unter den Linden, Ecke Charlottenstraße, 1886. Der neue Besitzer des Hotels ließ anstelle vier hinzugekaufter Häuser entlang der Charlottenstraße bis zur Mittelstraße in den Jahren 1865/66 durch die Architekten Ende & Böckmann einen Neubau errichten und ihn nach Abbruch des alten Hotels 1875/76 in Richtung »Linden« erweitern. Das Haus hatte nun 200 Zimmer und entsprach damals dem neuesten Komfort. Beliebt war der in der Mitte des Hauses liegende Festsaal, in dem unter anderm auch der »Verein Berliner Presse« seine beliebten Bälle abhielt. 1910 hatte das Hotel seinen Rang verloren, wurde geschlossen und abgebrochen. Das an seiner Stelle errichtete Geschäftshaus »Römischer Hof« steht – kriegsbeschädigt – noch heute. Aufnahme von F. Albert Schwartz

Die Häuser Nr. 45 (von links) bis 39 an der Charlottenstraße auf der Nordseite der »Linden«, um 1885.
Von links sieht man zwei Fenster des Hauses Nr. 45, später umgebaut für das Hellersche Lampengeschäft; Nr. 44 ist das »Hotel Imperial«, vorher »Arnims Hotel«, das wegen seines schönen Saales bekannt war. Hier eröffnete 1901 Max Reinhardt sein Kabarett »Schall und Rauch« und wandelte es 1902 in das »Kleine Theater« um, in dem er unter anderem mit Gorkis »Nachtasyl« seine ersten Triumphe feierte. Nach 1933 nannte sich das Haus »Theater Unter den Linden« und wurde gegen Kriegsende zerstört. Der Eingang zum »Hotel Imperial« wird auf der Straße durch zwei auffallende Laternen markiert, neben denen in Kübeln noch zwei bescheidene Bäumchen stehen. Die nächsten Häuser sind das fünffenstrige Nr. 43 bis zum »Hotel de Rome«, Nr. 39. Aufnahme F. Albert Schwartz

Die Nordseite der »Linden« an der Kreuzung Friedrichstraße, 1907. Ganz links ist das Eckhaus Nr. 47 und gegenüber das Eckhaus Nr. 46 mit dem bekannten »Victoria-Café«, das nach dem Ersten Weltkrieg lange Jahre »Café König« hieß. Dann folgen die Häuser Nr. 45 bis 39 an der Charlottenstraße. Rechts im Bild sieht man den Reitweg, der 1902 von 7,5 auf vier Meter zugunsten einer Verbreitung des Bürgersteiges verengt wurde. Interessant ist auch, daß man damals auf beiden Fahrdämmen in beiden Richtungen fahren durfte. Der einseitige Richtungsverkehr wurde erst 1927/28 eingeführt. Auf allen Bildern ist die starke Verunstaltung der Fassaden mit Ladenschildern und Reklamen aller Art zu beobachten, die ihren Höhepunkt im ersten Jahrzehnt nach 1900 hat. Aufnahme von Max Missmann

Das Geschäfts- und Wohnhaus der Hellerschen Lampenfabrik, 1906. Das alte, aus dem 18. Jahrhundert stammende Haus, gehörte seit 1875 dem Lampenfabrikanten Fritz Heller. 1895 ließ er es durch den Architekten H. Jassoy modernisieren. Dabei wurden von der alten Fassade die Architekturteile entfernt und auf die glatt geputzten großen Flächen aus Eisen geschmiedete, naturalistisch gehaltene Blumenranken aufgesetzt. Die verschiedenen Firmenschilder wurden in die Architektur miteinbezogen und ebenfalls von geschmiedeten Ranken umgeben. Das Eisen war polychrom mit grünem Ton und sparsam mit Gold behandelt. Die Schmiedearbeiten wurden vom Hof-Kunstschlosser Paul Marcus angefertigt. Die originelle Fassade wurde leider nach dem Ersten Weltkrieg ihres Schmuckes entkleidet; das Haus, zuletzt mit dem »Café Schön«, im Kriege zerstört. Lichtdruck verlegt bei E. Wasmuth

Unter den Linden 40 bis 46 zwischen Charlotten- und Friedrichstraße, 1901. Rechts das »Hotel de Rome«; dann Nr. 40, von Emil Boethke 1876 für den Juwelier Friedeberg aus einem älteren Haus umgebaut, und Nr. 41 mit dem Büro der »Niederländisch-Amerikanischen Dampfschiffahrts-Gesellschaft«; beide wurden 1909/10 durch einen Neubau ersetzt, der noch heute steht. Das Haus mit dem kleinen Erker, Nr. 42, wurde 1858 nach August Stülers Entwurf für den Juwelier H. Friedeberg erbaut. Es war bis in den Zweiten Weltkrieg erhalten, wie das große Haus Nr. 43, das 1913 modernisiert wurde. Es folgen noch bis zur Friedrichstraße die Häuser Nr. 44 bis 46. An der Stelle von Nr. 42 bis 44 steht das 1964–66 erbaute Hotel »Unter den Linden«. Aufnahme von Georg Bartels

An der Kreuzung Unter den Linden und Friedrichstraße, etwa 1913. Diese beliebte und belebte Straßenkreuzung hatte es in sich, denn die hier nur 12 Meter breite Friedrichstraße (sonst 22 Meter) bildete einen lästigen Engpaß für den starken Automobil- und Fuhrwerksverkehr. Das »Drei-Café-Eck« mit Kranzler, Bauer und Victoria war immer von zahlreichen Passanten belebt, sodaß hier sogar ein Schutzmann den Verkehr regeln mußte. Auffallend ist hier die »Urania-Säule«, von denen die Stadt zwischen 1891 und 1894 durch einen Privatunternehmer 30 Stück aufstellen ließ. Diese 4,50 Meter hohen Säulen wurden nach einem Entwurf Professor Ludwig Schupmanns in Aachen in Eisenguß hergestellt; im Kopf enthielten sie vier Zifferblätter einer beleuchteten Uhr, Schaft und Sockel waren für die Aufnahme meteorologischer Instrumente oder Geschäftsreklamen bestimmt. Während der Inflation verschwanden sie aus dem Stadtbild. Aufnahme von Zander & Labisch

Blick durch die Mittelpromenade nach Westen, 1909. Die Architekturfotografen suchten sich für ihre Aufnahmen natürlich Stunden aus, an denen die Straßen nicht belebt waren. So auch hier, wo sich nur wenige Menschen auf der Promenade aufhalten, die Mietstühle an den Seiten sind gar nicht besetzt. Gut erkennt man hier die elektrischen Bogenlampen, von denen 16 Stück an Kettenzügen zwischen zwölf Meter hohen Masten – ebenfalls nach Ludwig Schupmanns Entwurf – seit dem 31. August 1888 die Mittelpromenade beleuchteten. Am selben Tag wurde auch die neue Beleuchtung durch elektrische Bogenlampen zwischen dem Pariser Platz und der Kaiser-Wilhelm-Brücke am Lustgarten in Betrieb genommen. Aufnahme von Max Missmann

Die Südseite der »Linden« an der Friedrichstraße, 1907. Man blickt nach Westen in Richtung Brandenburger Tor. Links die Häuser Nr. 27 mit dem Nachtlokal » Bar Riche« und dem Bierlokal »Hopfenblüthe« sowie Nr. 26 mit dem Hotel und »Café Bauer«. Jenseits der Friedrichstraße die Kranzler-Ecke, Nr. 25, dann weiter hinten die Dachkuppel des Hotels »Westminster«, Nr. 17/18, und ganz weit hinten die Kuppel mit Laterne des Hotels »Bristol«. Neben dem Grünstreifen rechts, wo die Droschke hält, war seit 1922 der Halteplatz der roten Autobusse von »Käse's Rundfahrt«. Von den hier sichtbaren Häusern ist keins mehr erhalten. Aufnahme von Max Missmann

»Café Bauer« und Restaurant »Kaiserhallen«, 1886. Das zweite Haus von links ist Nr. 27, das 1885 vom Baurat Ludwig Heim erbaut wurde. Im Vorderhaus befand sich das elegante Restaurant »Vier Jahreszeiten« und in den weitläufigen Räumen zur Rosmarinstraße hin die »Kaiserhallen-Frankenbräu«, ein großes Bierlokal, dessen baulicher Mittel- und Höhepunkt der in reicher Formenpracht im »Maurischen Stil« gestaltete Lichthof war. Aus den Kaiserhallen wurde in den 90er Jahren die »Hopfenblüthe«, berühmt und beliebt wegen der Damenbedienung, und an die Stelle des Restaurants im Vorderhaus trat das elegante Nacht- und Lebewelt-Lokal »Bar Riche«. Nach dem Ersten Weltkrieg wichen die Vergnügungsstätten Büro und Geschäftsräumen. Aufnahme von F. Albert Schwartz

Die Mittelpromenade und das »Café Bauer«, 1911. Hier blickt man durch die belebtere Mittelpromenade in östliche Richtung. Rechts schimmert durch die Bäume die Reklame des berühmten »Café Bauer«. Der Österreicher Matthias Bauer ließ das Haus Unter den Linden 26 von den Architekten Ende & Böckmann außen und innen umbauen und eröffnete 1878 hier das erste »Wiener Café« in Berlin. Ein bisher nicht gekannter Luxus empfing den Gast und fand seinen Höhepunkt in dem zweigeschossigen Lichthof mit Wandgemälden von Christian Wilberg und Anton von Werner im Erdgeschoß und Albert Hertel im Obergeschoß. Inzwischen doch etwas antiquiert geworden, wurde das Unternehmen schon vor 1914 von den Bauerschen Erben an die »Hotel-Betriebs-Aktiengesellschaft« verkauft, die das Café 1924 in das ihr gehörende »Central-Hotel« verlegte. Im alten Haus war dann das Café Unter den Linden bis zur Zerstörung. Aufnahme von Max Missmann

Die »Konditorei Kranzler«, Unter den Linden 25, Ecke Friedrichstraße, 1901. Im Jahre 1825 eröffnete der Wiener Zuckerbäcker Johann George Kranzler im Hause Nr. 25 eine bescheidene Konditorei in einem Laden des Erdgeschosses; dann, seit 1834, nach Umbau und Aufstockung des Hauses durch August Stüler auf das ganze Erd- und erste Obergeschoß ausgedehnt. Ein besonderer Anziehungspunkt war zu allen Zeiten die »Rampe«, die Straßenterrasse, die unter dem besonderen Schutz des Königs alle Versuche der Baupolizei überstand, sie zu beseitigen. 1911 verkauften die Kranzler-Erbinnen Haus und Konditorei an die »Hotel-Betriebs-Aktiengesellschaft«. Vom Balkon des Hauses berichtete der Chefsprecher der »Berliner Funkstunde«, Alfred Braun, bis 1933 alljährlich am Silvesterabend, wie Berlin das Neue Jahr begrüßt. Am 7. Mai 1944 wurde das Haus durch Bomben zerstört.

Die Südseite der »Linden« mit Kranzler-Ecke, Geroldhaus und Passage, 1879. Zwischen den höheren Nachbarhäusern würde das »Geroldhaus« noch kleiner wirken, wenn nicht das Dachatelier des »Photographischen Instituts« von Carl Suck wäre. Zuletzt hatte der bekannte Kunstmaler Artur Fischer hier sein Atelier. Das Geschäft des »Italienerwaren- und Weinhändlers« Christian Samuel Gerold wurde 1804 im Nachbarhaus Nr. 25 eröffnet. 1832 verlegte er es in sein bereits 1819 gekauftes Haus Nr. 24. 1821/22 wohnte hier Heinrich Heine als Untermieter. 1851 begründete Christian Samuels Sohn Carl Gustav hier eine Zigarrenfabrik und übergab die Weinhandlung einem Verwandten. Trotz weiterer Geschäftsteilungen und Neugründungen blieb das Haus im Besitz der Familie. Lange Zeit hatte auch die Stiftung »Invalidendank« hier ihre Geschäftsräume. Auch dieses Haus wurde am 7. Mai 1944 zerstört. Aufnahme von F. Albert Schwartz

Die »Linden-Passage« oder »Kaiser-Galerie«, Unter den Linden 22/23, um 1880. Die winterliche Kahlheit der Bäume läßt auch von der Mittelpromenade einen Blick auf die Häuser zu. In der Mitte zwischen Nr. 21 (rechts) und 24 (links) erhebt sich der gelbrot-graue Rohziegel- und Sandsteinbau der »Linden-Passage«. Sie war ein echtes Kind der Gründerjahre. Schon 1869 im Bau begonnen, wurde sie in den 1870 gegründeten »Actien-Bau-Verein Passage« eingebracht und 1873 fertiggestellt. Nachdem Kaiser Wilhelm I. sie am 21. März 1873 besichtigt und dem Namen »Kaiser-Galerie« zugestimmt hatte, wurde sie der Öffentlichkeit übergeben. Die 128 Meter lange Galerie sollte nicht nur als Kaufzentrum dienen, sondern auch den Fußgängerverkehr zwischen der Behrenstraße und den »Linden« von der hier sehr schmalen Friedrichstraße ableiten. Aufnahme von F. Albert Schwartz

Blick in die »Kaiser-Galerie« nach Süden, 1881. Die Architekten der sich an italienischen Vorbildern orientierenden Passage waren Walter Kyllmann und Adolf Heyden. Die Modelle für den überreichen Terrakottaschmuck der Galerie, den das Bild gut erkennen läßt, schufen die Bildhauer Bernhard Afinger, Erdmann Encke und August Wittig. Im Erdgeschoß befanden sich Geschäfte verschiedenster Art – zuletzt hauptsächlich auf den Touristen-Bedarf orientiert -, in der Rotunde war ein Café, das niedrige Mezzaningeschoß war zu Büros vermietet und den südlichen Teil des Obergeschosses nahm von 1873 bis 1888 »Castans Panoptikum« ein; danach das dem Actien-Bau-Verein gehörende »Passage-Panoptikum«, das 1923 seine Pforten schloß. Die Passage war von Anfang an eine Fehlspekulation und hatte immer mit wirtschaftlichen Schwierigkeiten zu kämpfen. Aufnahme von Hermann Rückwardt

Der Linden-Eingang zur Passage, um 1910. Die verschiedenen Reklamen weisen auf einige hier ansässige Firmen hin. Zu erwähnen wären noch Fuhrmanns »Kaiser-Panorama«, später in »Welt-Panorama« umbenannt, eine Vorführung von Stereoskop-Photographien, deren Themen aus aller Welt ständig wechselten; dann rechts vom Eingang die Geschäftsräume des »Hofmalers« Artur Fischer, der fast 50 Jahre lang hier ansässig war; eine Zeitlang auch das »Café Keck« und im Obergeschoß noch die »Passage-Lichtspiele«. Vor dem Ersten Weltkrieg hatte die Passage sich zur Touristenattraktion und Vergnügungsstätte entwickelt. Damit war allerdings nach der Inflation Schluß. Um dem Haus mehr Anziehungskraft zu geben, wurde die Galerie 1930/31 vom Architekten Alfred Grenander umgestaltet.
Am unseligen 7. Mai 1944 brannte sie aus, 1950 wurde die Ruine abgebrochen. Jetzt steht hier das 1985-87 erbaute »Grand-Hotel«.

Die Häuser Nr. 19 bis 21 auf der Südseite der »Linden«, 1901. Diese drei Häuser stammten – wenig verändert – noch aus dem 18. Jahrhundert und waren, bis auf die Ladenzone wiederum wenig verändert, bis zur Zerstörung im Zweiten Weltkrieg erhalten. Die Häuser Nr. 19 (rechts) und 20 gehörten dem Uhrenfabrikanten und Commissionsrat A. Felsing, dessen Sohn im Haus Nr. 20 sein Uhrengeschäft hatte. Im rechten Schaufenster erkennt man auch die sogenannte Weltzeituhr, die bis zur Zerstörung des Hauses ein beliebter Anziehungspunkt in der Straße war. Während 1901 hier neben dem Besitzer und dem Hotel »Metropole« noch acht Mieter im Hause wohnten, waren es 1943 sogar 28 Parteien. Fast umgekehrt war es im Nachbarhaus Nr. 19. Aufnahme von Georg Bartels

Das Haus Unter den Linden 21, 1913. Das Haus – hier durch die Reklame verunstaltet – ist 1789 als Immediatbau für den Generalmajor von Tempelhoff entstanden. Von 1835 bis 1844 war Bettina v. Arnim hier Mieterin. Um 1900 zog dann das Vergnügungsleben ein: die »Wilhelms-Hallen« und dann das »Residenz-Café«, das Nachtlokal und Treffpunkt der Lebewelt »Linden-Casion«, der 1903 gegründete »Bühnenclub«, das elegante Lichtspielhaus »Union-Theater« und andere. Bei einem Umbau im Jahre 1922 wurden die zwei äußeren Säulen neben dem Eingang weggenommen und dabei der Balkon verkürzt. 1935 kam das Haus an den »Werberat der deutschen Wirtschaft« und im Zweiten Weltkrieg wurde es zerstört. Aufnahme von Karl Brandmann

Die Häuser Nr. 53 (links) bis 47, Ecke Friedrichstraße, auf der Nordseite der »Linden«, um 1885.
Im Hause Nr. 53 mit der Apotheke »Zum roten Adler« von August Lucae verkehrte auch Theodor Fontane bei dem ihm gut bekannten Apotheker. Um 1890 wurde das aus dem 18. Jahrhundert stammende Haus verkauft und durch einen größeren Neubau ersetzt. Alte Immediatbauten waren auch die Häuser Nr. 52 und 50/51. Letzteres gehörte zwei Besitzern; Nr. 50 dem Pensionär Spargnapani und Nr. 51 dem Kunstverlag Sala & Co. Nr. 52 gehörte dem Commerzienrat E. Helfft, dessen Bankgeschäft im Erdgeschoß links zu erkennen ist. Das große Eckhaus an der Friedrichstraße geht im Kern auch auf das 18. Jahrhundert zurück. 1936 entstand an seiner Stelle das »Haus der Schweiz« von E. Meier-Appenzell, das noch heute steht. Aufnahme von F. Albert Schwartz

Die Häuser Nr. 49 (rechts) bis 54/55, Ecke Kleine Kirchgasse, auf der Nordseite der »Linden«, 1901.
Rechts, Nr. 48/49, gehörte den Erben des Bäckers Ferdinand Lejeune, gen. Jung, der das Haus 1864 erbauen ließ. Das Uhrengeschäft von H. Markfeldt hatte auch eine lange Tradition in diesem Hause. Im benachbarten Doppelhaus sieht man im Hausteil Nr. 50 das 1870 gegründete Restaurant von Rudolf Dressel († 1901), eins der besten in Berlin. Links neben dem Apothekenhaus Nr. 53 steht an der schmalen »Kleinen Kirchgasse« das Haus Nr. 54/55, um 1870 vom Architekten Eduard Titz für den Bankier Lion erbaut. Die Doppelhäuser 48/49 und 50/51 wurden 1912/13 durch Neubauten für die »Preußische Central-Boden-Kredit-AG« und für die »Daimler-Motorengesellschaft« ersetzt. Sie haben den Krieg überdauert und waren bis 1990 Sitz der »Außenhandelsbank der DDR« und sind derzeit u. a. Sitz der »Deutschen Industrie- und Handelsbank«. Aufnahme von Georg Bartels

Die Häuser Nr. 54/55 bis 59, Ecke Neustädtische Kirchstraße, auf der Nordseite der »Linden«, um 1885.
Der gediegene Titz'sche Wohnhausbau, der zu dieser Zeit dem Zigarrenhändler H. L. Rennert gehörte, wurde 1938 abgebrochen für einen Erweiterungsbau des jenseits der »Kleinen Kirchgasse« im Jahre 1911 errichteten Bürohauses »Zollernhof«. Das stattliche Haus Nr. 56 westlich der Kleinen Kirchgasse ist wieder ein Immediatbau aus der Zeit Friedrichs des Großen. Er diente seit den 50er Jahren als Hotel, hatte aber auch einige Privatmieter. Ihm folgten bis zur Neustädtischen Kirchstraße noch die Häuser Nr. 57/58 und 59. Der Komplex des »Zollernhofes«, Nr. 54-56, architektonisch von Prof. Bruno Paul gestaltet, hat den Krieg überdauert und war nach der Wiederherstellung bis 1990 Sitz des »Zentralrates der FDJ« der DDR; derzeit im Umbau für das ZDF. Aufnahme von F. Albert Schwartz

Die Häuser Nr. 59 bis 56, Ecke Kleine Kirchgasse, auf der Nordseite der »Linden«, 1901. Nr. 59, ganz links, gehörte dem Bankier J. Heymann, der hier auch seine Geschäftsräume hatte. Außer dem »Skandinavischen Reisebüro« war hier auch noch die Weinstube von Raffo. Zuletzt war hier die bekannte wissenschaftliche Buchhandlung von A. Asher & Co. Das anschließende schöne Doppelhaus Nr. 57/58, ein Immediatbau von Georg Christian Unger, beherbergte damals 34 Mietparteien und Ladengeschäfte. 1907 wurde es abgebrochen und von der Architektur- und Baufirma Kurt Berndt und A. F. M. Lange das prunkvolle Geschäftshaus der Internationalen Schlafwagen-Gesellschaft »Wagon-Lits« erbaut. Es steht noch heute und beherbergte seit Anfang der 70er Jahre bis 1990 die Französische Botschaft bei der DDR; derzeit ungenutzt. Aufnahme von Georg Bartels

Die Häuser Nr. 15 (von links) bis 7 auf der Südseite der »Linden«, 1901. Die beiden dreistöckigen Häuser Nr. 15 und 14 sind modernisierte Immediatbauten des 18. Jahrhunderts. Das nächste, Nr. 13, gehört der Buchhandlung A. Asher & Co., die es 1911 an das Bankhaus S. Bleichröder verkaufte, das durch Hans Jessen einen Neubau errichten ließ. Es folgen die Häuser Nr. 12 bis 7. Die Lücke in der Einfassung der Mittelpromenade bezeichnet die seitliche Einmündung der Neustädtischen Kirchgasse von der Nordseite der »Linden« her. Aufnahme von Georg Bartels

Blick durch die Mittelpromenade nach Osten, 1901. Von der winterlich kahlen Promenade blickt man links auf die Häuser Nr. 61 bis 59 an der Neustädtischen Kirchstraße und rechts auf die Nr. 15 bis 17/18. Bald sollte sich das Aussehen der Promenade verändern. 1902 verschwanden die beiden äußeren der vier Baumreihen und die seitlichen Einfassungen, die noch aus dem Jahre 1798 stammten; die alten Sitzbänke wurden durch neue ersetzt; der südliche (rechte) Reitweg entfiel, der nördliche wurde um 3,50 Meter verschmälert und auf den verbreiterten Bürgersteigen neue Linden gepflanzt. Aufnahme von Georg Bartels

Die Häuser Nr. 15 und 14 auf der Südseite der »Linden«, 1913. Die Aufnahme entstand 12 Jahre nach der vorhergehenden mit den gleichen Häusern und zeigt deutlich, wie grausam die Fassaden im verflossenen Jahrzehnt durch Reklameschilder entstellt wurden. Der Protest der Kunstfreunde und Ästheten gegen solche Verschandelungsorgien führte schließlich zum Erlaß des »Ortsstatus zum Schutze der Stadt Berlin gegen Verunstaltung« durch den Magistrat im Jahre 1911 und erweiterter Form 1913, wodurch unter anderem die Anbringung von Reklameschildern am Pariser Platz, Unter den Linden usw. nur mit polizeilicher Erlaubnis gestattet war. Aufnahme von Karl Brandmann

Das Geschäfts- und Wohnhaus von »Faßkessel & Müntmann«, Unter den Linden 12, um 1905. Der für seine gediegenen Bauten im Stile der deutschen Renaissance bekannte Berliner Architekt Hans Grisebach schuf 1889/90 diesen Sandsteinbau, der natürlich völlig aus dem bisherigen stilistischen Gleichmaß der Bebauung der »Linden« herausfiel. Das Haus ging später an das benachbarte Bankhaus S. Bleichröder über und gehörte zuletzt dem Gerling-Konzern. In ähnlichem Stil wie dieses Haus erbaute Hans Grisebach 1894/95 auch das Geschäfts- und Wohnhaus der Blumenhandlung J. C. Schmidt aus Erfurt, Unter den Linden 16. Beide wurden im Zweiten Weltkrieg zerstört.

Die Häuser Nr. 8 bis 12 (von rechts) auf der Südseite der »Linden«, 1901. Ganz rechts, Nr. 8, gehörte den Goldschmidtschen Erben und war als vornehmes Einparteien-Wohnhaus 1876 durch den Architekten Carl Heidecke für den Bankier Hermann Goldschmidt erbaut worden. Das übernächste, Nr. 10, ein Umbau eines älteren Hauses, wurde 1904 durch einen Geschäftshausneubau ersetzt. Alle Häuser wurden im Zweiten Weltkrieg zerstört. Auf ihren und den angrenzenden Grundstücken an der Behrenstraße erhebt sich jetzt der Mammutbau der Sowjetischen Botschaft. Aufnahme von Georg Bartels

Die Häuser Nr. 59a bis 68 auf der Nordseite der »Linden«, 1901. Die hier stehenden Häuser des Straßenteils zwischen der Neustädtischen Kirchstraße (rechts) und der Schadowstraße (ganz links) sind alle zerstört. Jetzt steht hier das 1962-65 erbaute, nun ehemalige »Ministerium für Innen- und Außenhandel« der DDR, das derzeit zu Büros für den Deutschen Bundestag umgebaut wird. Zur Zeit der Aufnahme waren es alles noch Wohnhäuser, natürlich mit den üblichen Geschäftsläden, die ihre Mieter häufig wechselten. Das besonders stattliche Haus mit den beiden Erkern, das vierte von rechts, Nr. 62/63, wurde 1864 für Dr. Epenstein erbaut, dessen Erben es noch um 1900 besaßen. Hier war auch lange Zeit das berühmte – Dressel gleichwertige – Restaurant von Karl Hiller. Aufnahme von Georg Bartels

Unter den Linden 11, 1913. Das Haus wurde 1772 durch Georg Christian Unger als Immediatbau errichtet. Es hat als Sitz eines Bankgeschäftes eine lange Tradition: 1820 gehörte es dem Bankier Wörlitzer, um 1900 dem Bankgeschäft M. Cohn, 1913 der Disconto-Gesellschaft und zuletzt der Deutschen Bank. Vor dem Krieg hatten vier Rechtsanwälte ihre Praxen im Hause, neben verschiedenen anderen Firmen – ein Beispiel für den Wegzug der Bewohner aus der Innenstadt. Aufnahme von Karl Brandmann

Unter den Linden 9 mit der Kleinen Mauerstraße, 1913. Das Haus wurde 1826 nach Schinkels Entwurf erbaut und dabei die durch den Torweg führende Kleine Mauerstraße angelegt. Sie war wegen der fehlenden Querstraßen eine willkommene Verbindung zwischen den »Linden« und der Behrenstraße. Lange Zeit war hier das »Hotel Baden« oder »Badischer Hof«. Zuletzt gehörte das Haus der Deutschen Bank. Aufnahme von Karl Brandmann

Von der Schadowstraße bis zum Brandenburger Tor

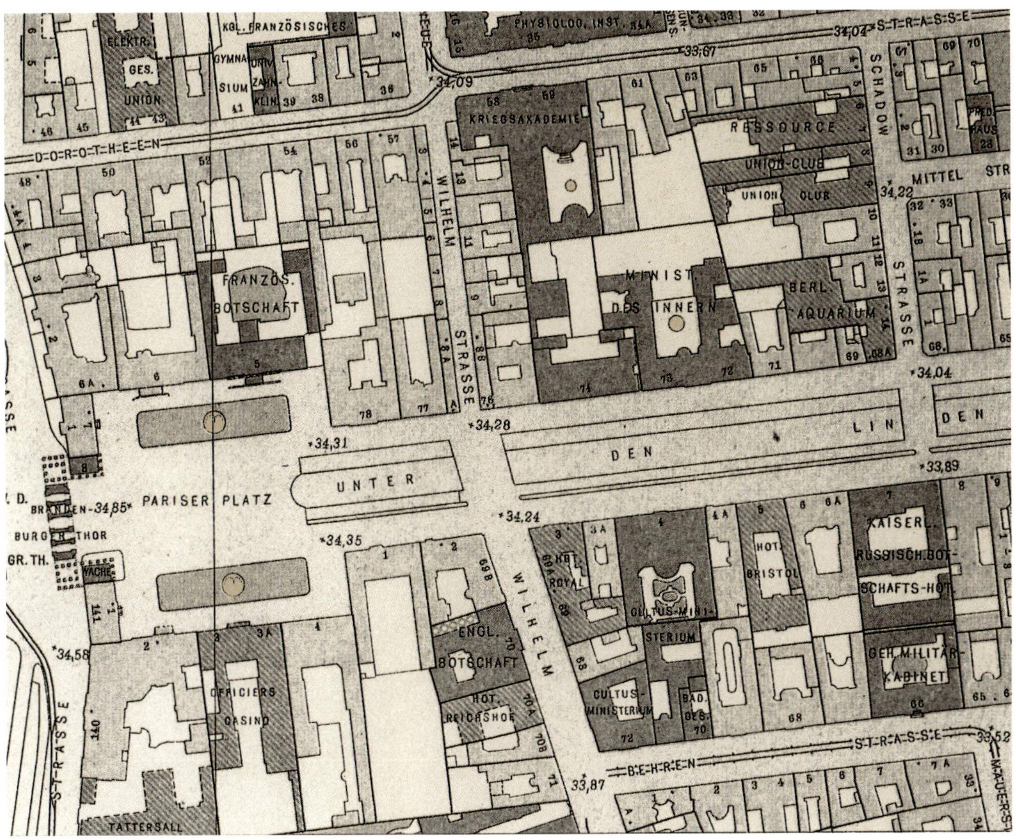

Die Häuser Nr. 68a bis 72/73 auf der Nordseite der »Linden«, 1901. Ganz rechts ist Nr. 68a mit dem Eingang zum Hotel »Minerva«, das 1890/91 durch die Firma Carl Gause erbaut wurde. Daneben, Nr. 69, das vom Regierungs-Baumeister Wilhelm Walther 1889/90 erbaute Wohn- und Geschäftshaus der Dr. G. A. Freund. Bemerkenswert an ihm war die durch alle Obergeschosse reichende »Junggesellenwohnung« des Besitzers. Zuletzt gehörte es dem Reichsinnenministerium. Die beiden niedrigen Häuser Nr. 70 und 71 stammen aus der Stadterweiterung nach 1734. Sie sind lediglich umgebaut. Nr. 70 gehörte dem Grafen von Blankensee-Pückler und Nr. 71 dem Bankier A. Adelssen. Nr. 72/73 ist das preußische Innenministerium. Anstelle der Häuser 68a bis 71 entstand 1962-64 das Bürogebäude der Firma »Textilcommerz« des Staatshandels der ehemaligen DDR. Aufnahme von Georg Bartels

Das Hotel »Minerva« mit dem Aquarium, Unter den Linden 68a, 1896. Im Jahre 1867 fanden sich Männer zusammen, die meinten, daß die werdende Weltstadt Berlin auch eines Aquariums bedürfe und gründeten dazu eine Kommanditgesellschaft auf Aktien. Auf dem Hinterland des Eckgrundstücks Unter den Linden/Schadowstraße 14 errichtete Baumeister Wilhelm Lüer aus Hannover zusammen mit dem Zoologen Alfred Brehm das Berliner Institut. Am 11. Mai 1869 wurde es eröffnet; es war damals das größte der Erde. Um finanzielle Schwierigkeiten zu beheben, ließ die Aquariums-Gesellschaft anstelle des alten Vorderhauses das Hotel »Minerva« erbauen. Wegen des Hotelbetriebes wurde der Eingang zum Aquarium in die Schadowstraße verlegt. Die Unverträglichkeit von Hotelbetrieb und Aquariumsbesuch führte schließlich auch zur Schließung des Instituts am 1. Oktober 1910. Die Tiere wurden nach Leipzig und Frankfurt am Main verkauft. Das Hotel bestand noch bis 1921.

Unter den Linden 71, 1913. Das Haus gehörte damals den Adelssenschen Erben, u. a. dem Griechischen Generalkonsul Robert Adelssen. Neben dem Generalkonsulat war das Haus mit seinen zwei Seitenflügeln vollständig an Firmen vermietet. Außer dem Reisebüro der Vlissinger Route und der Vertretung von Adam Opel wirkte hier auch der bekannte Goldschmied Emil Lettré. Nach dem Ersten Weltkrieg änderten sich die Besitzverhältnisse und damit die Mieter. Nachdem das Haus in den 30er Jahren für eine eventuelle Erweiterung des Reichsinnenministeriums an den Fiskus übergegangen war, blieben als letzte Mieter Professor Lettré und das Einrichtungshaus »Meisterräume-Gesellschaft für repräsentative Wohnkultur mbH.« übrig. Aufnahme von Karl Brandmann

Die Mittelpromenade nach Osten mit den Häusern Nr. 5/6 bis 8 (rechts) und Nr. 72/73 bis 69 (links), 1901.
Die repräsentative, kuppelbekrönte Fassade des Hotels »Bristol« ist einigermaßen zu erkennen. Links daneben die Russische Botschaft Nr. 7 und dann Nr. 8, das »Goldschmidtsche Haus«. Es gehörte übrigens schon vor dem Ersten Weltkrieg – und bis 1945 – der »Hapag«, die ihre verschiedenen Frachtkontore und Reisebüros hier untergebracht hatte. Das »Bristol« wurde 1891 von dem renommierten Gastronomen Konrad Uhl begründet. In zwei Bauabschnitten, 1891 und 1899, wurde vom Architekten und Bauunternehmer Carl Gause das Hotel auf den Grundstücken Nr. 5 und später Nr. 6 erbaut. Das »Bristol« war seinerzeit das beste Hotel Berlins, mußte diesen Rang aber dann an die neuen Hotels »Adlon« und »Esplanade« abtreten. Aufnahme von Georg Bartels

Die »Kaiserlich Russische Botschaft«, Unter den Linden 7, 1913. Das vornehme Äußere des Botschafts-Palais, ganz im Geist der Schinkel-Schule, geht auf Eduard Knoblauch zurück, der es 1840/41 für den Zaren Nikolaus I. aus einem älteren Palais umbaute. Das Haus war von 1764 bis 1787 Stadtpalais der Prinzessin Amalie, der jüngsten Schwester Friedrichs des Großen. 1805 kaufte es die Prinzessin Dorothea von Kurland, nachmalige Gräfin Talleyrand-Périgord und Herzogin von Dino und von Sagan. Da sie sich meistens fern von Berlin aufhielt, verkaufte sie ihr Palais im Januar 1837 für 150 000 Taler an den Zaren. Der Knoblauchsche Umbau streckte sich auch auf das Innere des Hauses. Im ersten Stock war an der Straße die vornehme Zimmerflucht der Kaiserlichen Wohnung, in den Seitenflügeln und im Quergebäude die Gesellschaftsräume. Die Räume des Botschafters lagen im Erdgeschoß. Aufnahme von Karl Brandmann

Der »Weiße Saal« in der Russischen Botschaft, 1925. Dieser Saal, streng im »Schinkel-Stil« dekoriert, lag im linken Seitenflügel und diente bei größeren Tischgesellschaften auch als Speisesaal. Durch ihn gelangte man von der Zarenwohnung in den eigentlichen Festsaal, den »Großen Grauen Saal« im Quergebäude. Nach dem Ersten Weltkrieg überließ das Deutsche Reich das ehemalige Zarenpalais der Regierung der Sowjetunion als Botschaft – nach Hitlers Überfall auf die UdSSR war es kurze Zeit Dienstsitz des »Ministers für die besetzten Ostgebiete«. Bei einem Luftangriff wurde es zerstört. Die von 1950 bis 1953 erbaute neue sowjetische Botschaft bedeckt nicht nur das Nachbargrundstück des kriegszerstörten Hotels »Bristol«, sondern auch die Grundstücke Unter den Linden 7 bis 12 und Behrenstraße 62 bis 70. Aufnahme der »Staatlichen Bildstelle«

Ministerium für »geistliche, Unterrichts- und Medizinal-Angelegenheiten«, Unter den Linden 4, 1882.
Das Haus, im allgemeinen nur »Kultusministerium« genannt, entstand 1879–83 nach Entwürfen des Architekten B. Kühn anstelle eines älteren Palais, das 1849 vom Preußischen Staat für das Ministerium vom König von Hannover gekauft wurde. Beachtenswert war der 46 Meter lange Bildfries aus Kalksandstein vom Bildhauer Gustav Eberlein.
Links vom Ministerium das Haus Nr. 4 a mit der Kunsthandlung von Lepke und rechts die Häuser 3 a und 3.
Aufnahme von F. Albert Schwartz

Der Wintergarten der Ministerwohnung im Kultusministerium, 1905. Ein Hauptbestandteil jedes Ministerialgebäudes war früher die repräsentative Dienstwohnung des Ministers. Hier umfaßte sie im 1. Stockwerk das ganze Vorderhaus und den rechten Seitenflügel. Im Jahre 1905 war Konrad von Studt Kultusminister, der dieses Amt seit 1899 ausübte und 1907 verabschiedet wurde. Der Hauptbau des Ministeriums Unter den Linden wurde 1901-03 zur Behrenstraße hin erweitert. Im Zweiten Weltkrieg wurde der Gebäudeteil Unter den Linden zerstört.

Kriegsakademie und Innenministerium, Unter den Linden 74 und 72/73, um 1885. Das Gebäude des Preußischen Ministeriums des Innern entstand von 1873 bis 1877 durch Umbau und Aufstockung zweier älterer Häuser nach den Plänen des Bauinspektors Julius Emmerich durch den Baumeister Max Spitta. Seit 1934 war es Sitz des »Reichs- und Preußischen Ministeriums des Innern«. Die Ruine des im Zweiten Weltkrieg ausgebrannten Gebäudes stand bis 1964. Aufnahme von F. Albert Schwartz

Die Kriegsakademie, Unter den Linden 74, 1913. Der klassizistische Bau entstand 1822/23 als Dienst- und Wohngebäude für die »Artillerie- und Ingenieurschule«. Die noble Fassade ist von Karl Friedrich Schinkel entworfen. Nachdem das Institut 1876 nach Charlottenburg kam, wurde das Haus der Kriegsakademie als Dienstwohngebäude übergeben; das eigentliche Institutsgebäude lag an der Dorotheen- und Neuen Wilhelmstraße. Nach dem Ersten Weltkrieg kam es zum Innenministerium und war von 1934 bis zur Zerstörung Dienstsitz des »Chefs der Ordnungspolizei«, »General der Polizei« und »SS-Obergruppenführer« Kurt Daluege. Aufnahme von Karl Brandmann

Durchfahrt zur Neuen Wilhelmstraße, Unter den Linden 76, 1865. Als um 1820 die Marschallbrücke über die Spree zur neuentstehenden Friedrich-Wilhelmstadt im Bau war, sollte auch eine Verbindung zu den »Linden« geschaffen werden. Das dazu angekaufte Haus Nr. 76 wurde nach Plänen Schinkels umgebaut und mit dem brückenähnlichen Überbau versehen, der einen Saal enthielt. 1822 war er soweit fertig, daß die neue Straße eröffnet werden konnte und den Namen »Neue Wilhelmstraße« erhielt. Die Fertigstellung der Seitenflügel in der neuen Straße zog sich noch bis 1823 hin.
Aufnahme von F. Albert Schwartz

Neue Wilhelmstraße mit der Durchfahrt zu den »Linden«, 1865. Der Saal über der Durchfahrt, nach seinem Erbauer und ersten Besitzer »Adlerscher Saal« genannt, beherbergte von 1839 bis 1854 die Universitätsbibliothek.
In den beiden achtfenstrigen Seitenflügeln befanden sich unten Läden und oben Wohnungen, doch das ganze Unternehmen rentierte sich wirtschaftlich nicht. Aus »Verkehrsrücksichten« wurde der Mittelbau 1867 abgebrochen, die Seitenflügel standen noch bis 1905 bzw. 1938. Aufnahme von F. Albert Schwartz

Unter den Linden 77 und 76 a, 1905. Rechts sieht man die schmalen Hausteile an der Neuen Wilhelmstraße, die beim Abbruch des Brückenhauses 1867 übriggeblieben sind. Sie gehörten beide dem Commerzienrat Loeser, Inhaber der Zigarrenfabrik und -handlung »Loeser & Wolff«. Im Haus 76 a ist noch das Bildhauergeschäft der Gebrüder Micheli, die auf Verkauf und Herstellung von Porträtbüsten bekannter Persönlichkeiten spezialisiert waren. Das Haus Nr. 77 gehörte Friedrich, dem Fürsten zu Solms-Baruth, Oberstkämmerer Kaiser Wilhelms II. Im Erdgeschoß des schönen, 1855 durch den Baumeister August Hahnemann umgestalteten Baues, befand sich zeitweilig auch das Hof-Jagdamt als Mieter. 1938 wurden beide Häuser abgebrochen, weil hier der Neubau der IG-Farben-Verwaltung entstehen sollte. Aufnahme von Georg Bartels

Unter den Linden 76 und 75, 1905. Die östliche Ecke der Neuen Wilhelmstraße bildet das schmale Haus Nr. 76. In dem dreifenstrigen Laden links neben der Loeser & Wolff-Filiale befand sich bis 1905 das in die Literatur- und Kunstgeschichte eingegangene Weinlokal »Zum schwarzen Ferkel« von Gustav Türke. Der Schwede August Strindberg, der in der Nähe wohnte, entdeckte es 1892, machte es zu seinem Stammlokal und gab ihm wegen seines – einem Schwein ähnelnden – Aushangsschildes jenen Namen. Später war auch Edvard Munch hier Stammgast. Wegen des bevorstehenden Hausabbruchs wurde das Lokal dann in die Dorotheenstraße verlegt. Das große Haus in florentinischem Stil, Nr. 75, um 1855 durch Umbau eines älteren entstanden, gehörte dem Grafen Friedrich von Schwerin auf Wendisch-Wilmersdorf. Es war bereits an die Schultesche Kunsthandlung verkauft und harrte des Abbruchs für den Neubau, der 1906/07 von Alfred Messel errichtet wurde. Aufnahme von Georg Bartels

Blick durch die Mittelpromenade zum Brandenburger Tor, 1901. Der Betrachter steht in Höhe des Kultusministeriums (links) und überblickt die Promenade, die ein Jahr später umgestaltet wurde. Die Bänke wurden durch andere ersetzt, die Einfassungen ebenfalls; die äußeren Baumreihen fällte man, der rechte Reitweg war nur noch halb so breit, und der linke entfiel ganz. 1922 wurde auch der nördliche Reitweg entfernt und an seiner Stelle Blumenrabatten angepflanzt. 1935/36 folgte ein völliger Umbau der Mittelpromenade: Ein festes Schotterbett gestattete nun das Befahren mit schweren Fahrzeugen, und die Wache konnte durch die verbreiterte Promenade zum Ehrenmal marschieren. Die alten Bäume wurden durch junge Silberlinden ersetzt, und die schönen Bogenlampen wichen Laternen im Biedermeierstil. Aufnahme von Georg Bartels

Blick vom Brandenburger Tor auf die Linden und die östlichen Seiten des Pariser Platzes, 1884. Rechts, Unter den Linden 1, das Redernsche Palais und links, Unter den Linden 78, das Gröditzbergsche Palais. Diesen etwas steifen Quaderbau, von einigen August Stüler zugeschrieben, ließ sich der Schwiegersohn der stadtbekannten Madame du Titre, Bankier Wilhelm Christian Benecke von Gröditzberg, aus dem 1836 erworbenen alten Haus umbauen. Nach Beneckes Tod 1860 kam das Palais in andere Hände. Bis zum Ersten Weltkrieg war es bevorzugter Wohnsitz des Hohen Adels und von Bankiers. 1922/23 bauten es die Architekten Mebes & Emmerich für die »Deutsche Länderbank« um; im Zweiten Weltkrieg brannte es aus und wurde um 1960 abgebrochen. Aufnahme von F. Albert Schwartz

Das Redernsche Palais, Unter den Linden 1, 1905. Graf Wilhelm von Redern, »Intendant der Königlichen Theater«, ließ 1833 von K.F. Schinkel sein Palais an der Ecke des Pariser Platzes, einen alten Bau aus dem Jahre 1736, aufstocken und modernisieren. Schinkel tat unter den vorgegebenen Bedingungen, was er konnte, und so entstand das charaktervolle Palais im florentinischen Stil, das für die spätere Gestaltung der Platzwände maßgebend wurde. Links neben dem Palais das Haus Nr. 2, ebenfalls ein Umbau, den Ende & Böckmann 1868 schufen. Nach Graf Wilhelms kinderlosen Tod im Jahre 1883 fiel das Erbe an den gleichnamigen Neffen, der als Spieler bekannt war. Er bewohnte das Haus kaum und vermietete 1891 das Erdgeschoß an die Kunsthandlung Eduard Schulte, die hier blieb, bis sie ihr eigenes Haus schräg gegenüber, Unter den Linden 75, beziehen konnte. Aufnahme von Georg Bartels

Hofseite und Garten des Redernschen Palais, um 1905. Wie man sieht, erstreckte sich der Schinkelsche Umbau nicht auf die Hofseite des Palais, sie behielt ihr nüchternes Gewand aus der Erbauungszeit. Auf dem Bild blickt man von der Mitte des Hauses auf den rechten Seitenflügel und in den langgestreckten Park nach Süden. Das Grundstück war immerhin 132 Meter lang. Wahrscheinlich waren es Spielschulden, die den Grafen Redern veranlaßten, sein Palais an Lorenz Adlon zu verkaufen. Adlon ließ hier, gegen den Widerstand der kunstinteressierten Öffentlichkeit, durch die Architekturfirma Gause & Leibnitz von April 1906 bis Oktober 1907 das im Innern überaus prachtvolle, aber architektonisch zurückhaltende Hotel errichten. Einschließlich des hinzugekauften Hotels »Reichshof« in der Wilhelmstraße 70a verfügte das »Adlon« über 305 Zimmer mit 400 Betten. Die Baukosten betrugen einschließlich Grunderwerb und »Reichshof« 17 Millionen Mark. Das »Adlon« hatte unbestrittenen Weltruf! Im Mai 1945 ging es durch Brandstiftung in Flammen auf.

Die Südseite des Pariser Platzes im Jahre 1865. Ganz links ein Stück des Rednerschen Palais, daneben Pariser Platz 4, das Palais des Grafen Adolf Heinrich von Arnim-Boitzenburg, das seine schöne Fassade einem Umbau durch Eduard Knoblauch im Jahre 1857/58 verdankt: anschließend Pariser Platz 3, 1737 erbaut und 1796 vom späteren Besitzer, dem General von Rohdich, zum Legat für die Erziehung von Kindern des Grenadier-Garde-Bataillons bestimmt. Die bedeutenden Rechtsgelehrten Karl Gottlieb Suarez und Friedrich Karl von Savigny wohnten hier 1796-98 bzw. 1817-42. Vom 1. April 1849 bis zu seinem Tode am 1. November 1877 wohnte im 1. Stock der General-Feldmarschall Graf Friedrich Ernst v. Wrangel, »Oberbefehlshaber in den Marken« sowie »Kommandierender General des III. Armeekorps« von 1849 bis 1857. Ganz rechts im Bild noch ein Fenster des alten Blücherschen Palais. Aufnahme von F. Albert Schwartz

Die Südseite des Pariser Platzes um 1885. Dieselbe Platzseite 20 Jahre später. Das Arnimsche Palais gehört jetzt Graf Adolf Heinrichs Sohn, Graf Adolf. 1902 erwarb es der Preußische Staat und ließ es durch Ernst von Ihne für die Unterbringung der »Königlichen Akademie der Künste« umbauen, die am 1. Januar 1907 hier einzog. Seit 1937 hatte Albert Speer, der »Generalbauinspektor für die Neugestaltung der Reichshauptstadt« hier seinen Dienstsitz. Das alte Palais Nr. 3 wurde nach Wrangels Tod abgebrochen und 1878-80 durch einen prächtigen Neubau der Architekten Rosemann & Jacob ersetzt. Im Erdgeschoß, von der linken Toreinfahrt zugänglich, hatte die feudale »Casinogesellschaft« – bis 1931 – ihre Räume. Im ersten Stock wohnte seit 1883 die Familie des Fürsten Anton Radziwill (bis 1915). 1933 zog der »Generalinspektor für das deutsche Straßenwesen« hier ein und im Zweiten Weltkrieg das »Reichsministerium für Bewaffnung und Munition«. Aufnahme von F. Albert Schwartz

Die Nordseite des Pariser Platzes um 1865. Der Platz war im vorigen Jahrhundert für sein schlechtes Pflaster berüchtigt. Die Bilder von 1865 geben einen optischen Eindruck davon. Erst 1880 wurden die Fahrdämme neu gepflastert und die Schmuckflächen mit Springbrunnen vor den Häusern der Nord- und Südseite angelegt. Die alte Aufnahme zeigt ganz rechts das Haus Pariser Platz 5, vom Französischen Kaiserreich 1862 für seinen Gesandten beim König von Preußen erworben; dann, bis zum Brandenburger Tor, die Häusergruppe Nr. 6 und 7. Sie war seit 1842 im Besitz des Hofzimmermeisters Carl August Sommer. Von 1844 bis 1846 ließ er die alten Häuser von August Stüler aufstocken und umbauen. Dadurch erhielt der Pariser Platz eine einheitliche Gestaltung, die sich an der schon bestehenden Ostbebauung orientierte. Nachdem von 1869 bis 1880 auch die Südseite des Platzes neugestaltet worden war, konnte mit einigem Recht vom »Empfangssalon der Reichshauptstadt« gesprochen werden. Aufnahme von F. Albert Schwartz

Die Nordseite des Pariser Platzes um 1885. Rechts wieder die französische Botschaft – nun die der Republik beim Deutschen Kaiser –, 1883 durch einen Umbau der Architekten Kyllmann & Heyden wirklich zum Palais geworden; sie brannte im Zweiten Weltkrieg aus und wurde 1959 abgerissen. Das Sommersche Haus daneben war inzwischen in Nr. 6 und 6a unterteilt worden. In letzterem, hinter den fünf Fenstern unterhalb des Turmaufbaues, lebte der Komponist Giacomo Meyerbeer von 1848 bis 1862. Das ebenfalls von Stüler erbaute Haus Nr. 7 gehörte seit 1857 dem Kattunfabrikanten Louis Liebermann. Die auf den Bildern sichtbaren zwei- und fünfarmigen Gaskandelaber wurden 1888 durch die neuen elektrischen Bogenlampen ersetzt; im Jahre 1905 kamen auf zwei Mittelinseln im Fahrdamm – in Höhe der Springbrunnen – noch zwei zwölf Meter hohe Masten mit je vier Bogenlampen hinzu. Aufnahme von F. Albert Schwartz

Die Sommerstraße zwischen Brandenburger Tor und Dorotheenstraße, um 1885. Ganz rechts ein Stück des Brandenburger Tores, dann die Rückseite des Liebermannschen Hauses, Pariser Platz 7 / Sommerstraße 1; das Turmhaus und die beiden Nebenhäuser ist Pariser Platz 6a / Sommerstraße 2; dann Nr. 3 und 4, mit den zweibogigen Loggien einander zugekehrt, und schließlich das Haus mit dem Kuppelturm ist Nr. 4a an der Dorotheenstraße. Die ganze Zeile ist nach Entwürfen von August Stüler gebaut (die Kuppel auf Nr. 4a nachträglich aufgesetzt) und von Sommer einzeln verkauft worden. Im Turm des Hauses Sommerstraße 2 hatte des Kaisers Hof-Architekt Ernst v. Ihne sein Atelier. Bis 1867/68 zog sich, ans Brandenburger Tor anschließend, etwa auf Fahrdamm-Mitte die alte Stadtmauer von 1736 entlang. Die Sommerstraße heißt heute nach mehrfachem Namenswechsel »Ebertstraße«. Aufnahme von F. Albert Schwartz

Brandenburger Tor und Blüchersches Palais an der Königgrätzer Straße, um 1885. Rechts neben dem Tor ist halb verdeckt das Haus Pariser Platz 1/Königgrätzer Straße 141 zu sehen. Dann folgt Nr. 140, der Westflügel des »Blücherschen Palais«. Es wurde 1869-71 von Karl Richter durch Umbau eines älteren Gebäudes errichtet. In ihm war merkwürdigerweise keine Wohnung für den Besitzer, die Familie des 3. Fürsten Blücher, vorgesehen. Die beiden Flügel des Palais, am Pariser Platz und hier, standen stumpfwinklig zueinander und enthielten in jedem der drei Geschosse zwei bis drei große Mietwohnungen. 1930 von den USA gekauft – 1931 durch einen Großbrand verwüstet – wurde das Palais erst 1939 Sitz der US-Botschaft. Sie brannte bei einem Luftangriff aus und wurde in den 50er Jahren abgerissen. Aufnahme von F. Albert Schwartz

Das Brandenburger Tor, 1901. Etwa vom Haus der Akademie der Künste aus blickt man zum Brandenburger Tor. 1787 ordnete König Friedrich Wilhelm II. den Bau eines neuen Stadttores anstelle des alten Pfeilertores von 1736 an. Der Oberhofbaudirektor Karl Gotthard Langhans schuf dazu den Entwurf in Anlehnung an die Propyläen der Akropolis von Athen. 1789 wurde mit dem Bau begonnen, und am 6. August 1791 wurde das noch unfertige Tor eröffnet. Erst im Sommer 1793 war der Bau – einschließlich der Quadriga – ganz fertig. Ausgerechnet Kaiser Napoleon I. diente das Tor nach dem Sieg über Preußen als Triumphpforte bei seinem Einzug in Berlin am 27. Oktober 1806. Er eröffnete damit die Reihe der festlichen oder triumphalen Einzüge in die Stadt, die ihren nationalen Höhepunkt mit dem Truppeneinzug nach dem Krieg gegen Frankreich am 16. Juni 1871 und ihren Tiefpunkt mit dem Fackelzug der SA am 30. Januar 1933 hatte. Aufnahme von Waldemar Titzenthaler

Blick auf die Westseite des Pariser Platzes, 1907. Links vom Tor das Gebäude Pariser Platz 1, das der Hofzimmermeister Sommer 1847/48 durch Stüler als Wohnhaus erbauen ließ und später an einen Bankier verkaufte. Rechts neben dem Tor das Liebermannsche Haus, Pariser Platz 7. Auch dieses ließ Sommer 1844-46 durch Stüler errichten und verkaufte es 1857 an Louis Liebermann. Nach dessen Tod erbte es 1894 sein Sohn Max, der bekannte impressionistische Maler und (spätere) Präsident der Akademie der Künste. Max Liebermann mußte an dieser Stelle den Machtantritt Hitlers erleben und starb hier 87jährig am 8. Februar 1935. Durch die Unterfahrt des Balkons der Französischen Botschaft blickt man auf den Balkon des von Friedlaender-Fuldschen Palais, Pariser Platz 5 a, das der »Kohlenbaron« 1902 durch Ernst von Ihne auf dem von Nr. 6 abgetrennten Grundstück errichten ließ. Diese Häuser standen 1939 auf der Speerschen Abbruchliste und wurden schließlich im Zweiten Weltkrieg zerstört. Aufnahme von Max Missmann

Blick von der Wilhelmstraße durch die Linden zum Brandenburger Tor, 1902. Die Straße zeigt sich in ihrer ganzen Breite zwischen dem Redernschen Palais und dem Gröditzbergschen Palais (rechts) nach ihrem Umbau im Jahre 1902. Noch sind die Aufräumungsarbeiten im Gange, noch liegen Steine im Weg, aber schon nimmt der Berliner frohgemut »mit Kind und Kegel« seine Lieblingsstraße wieder in Beschlag. Collage von Hugo Rudolphy

Blick von Nordwesten auf den Pariser Platz und die Straße Unter den Linden, 1913. Links unten das Reichtstagsgebäude, hinter dem sich die Sommerstraße bis zum Brandenburger Tor und weiter als Königgrätzer Straße schräg durch das Bild zieht. Der halbrunde Platz vor dem Brandenburger Tor und jenseits davon der Pariser Platz, mit dem neuen Hotel »Adlon« an der Ecke der »Linden«, bilden den repräsentativen Auftakt zum schönsten Boulevard Berlins. Die vorangegangenen Bilder zeigen Momente aus der Geschichte der Straße, die sich ständig wandelte und der man mit den Begriffen wie »Pracht-« oder »Triumphstraße« nicht gerecht wird; sie war mehr als das – sie war Berlin und spiegelte seine Entwicklung von der provinziellen Hauptstadt Preußens zur Metropole Deutschlands wider!

Zu den Photographien

Berlin entwickelte sich seit der Reichsgründung 1871 rasant. Vor allem das Zentrum erfuhr eine gravierende Umgestaltung. Staatliche und kommunale Einrichtungen, Verwaltungen der Wirtschaft, Bank-, Waren- und Geschäftshäuser sowie Kultureinrichtungen bestimmten sein Gesicht. Ganze Straßenzeilen fielen baulichen Veränderungen zum Opfer.

Als Reaktion auf diese Veränderungen und aus einem wachsenden Geschichtsbewußtsein heraus versuchten Vereine und einzelne Persönlichkeiten mit ihrer Arbeit auf das offizielle Bewußtsein Einfluß auszuüben.

Geschichtsvereine stellten sich u. a. die Aufgabe, wichtige und stadttypische Bauten vor der Zerstörung zu bewahren. Nach einer gewissen Zeit reagierten auch Institutionen und kommunale Behörden, indem sie Photographen beauftragten, Bauten und Gebiete, die einer Veränderung entgegensahen, durch Bilder zu dokumentieren, um sie wenigstens auf diese Art der Nachwelt zu überliefern.

Dafür eignete sich die 1839 der Weltöffentlichkeit vorgestellte Photographie ideal. Jedes kleinste Detail konnte nachgelesen werden, die Abbilder gaben den Eindruck vollkommener Authentizität. Das große Interesse an dem neuen Medium hatte eine rasche Entwicklung und technische Vervollkommnung der Photographie zur Folge.

Bestes Beispiel einer denkmalpflegerisch-wissenschaftlichen photographischen Institution war die 1885 gegründete Königlich-Preußische Meßbildanstalt, deren Initiator Albrecht Meydenbauer war. Am 30.3.1885 wurde er als Regierungsbaurat in das Kultusministerium berufen und damit als Leiter der ersten denkmalpflegerischen Institution dieser Art in der Welt eingesetzt; er blieb in diesem Amt bis zu seinem 75. Lebensjahr.

Der 1834 geborene, als Baumeister ausgebildete Meydenbauer beschäftigte sich seit 1860 mit der Photographie als Mittel zur Vermessung von Bauwerken. Entstanden war dieses Interesse durch seinen Unfall bei der schwierigen manuellen Vermessungsarbeit des Domes von Wetzlar. Obwohl Meydenbauer nichts geschehen war, suchte er nach einer Möglichkeit, die selbst erlebten Gefahren und Erschwernisse zu vermeiden. In seiner Tätigkeit als Baumeister, Landvermesser und Konservator entwickelte er ein photographisches Meßverfahren, welches er Photogrammetrie nannte. Durch eine exakte Aufnahme aus einem festgelegten Winkel mit eigens dazu entwickelten Geräten – sogenannten Meßkammern – und einer bestimmten geometrischen Berechnungsmethode am entstandenen Photopositiv konnte die aufwendige Außenarbeit durch eine Schreibtischarbeit ersetzt werden. Dieses durch Meydenbauer entwickelte Verfahren findet bis heute in der Denkmalpflege und im Bauwesen, in der Herstellung von topographischen Karten und auch in anderen Bereichen, wie z.B. in der Medizin, seine Anwendung.

Die Meßbildaufnahmen aus der Zeit um 1900 beeindrucken in erster Linie durch ihre Detailtreue, die in der Konzentration auf den Gegenstand, den langen Belichtungszeiten, den anfänglich speziell angefertigten Negativplatten und der Größe der Abzüge begründet ist. Meydenbauer entschied sich im Laufe seiner Arbeit an der Photogrammetrie für ein Negativ-Format von 40 x 40 cm, von dem dann Kontaktabzüge gefertigt wurden. Die gezielte Aufnahme ließ keinerlei persönliche Handschrift des Photographen zu – die Angestellten der Meßbildanstalt fanden keine bzw. selten namentliche Erwähnung. Jeder individuell künstlerische Effekt, jedes belebende Erzählmoment sollte vermieden werden. Dennoch wirken diese Photographien nicht wie unpersönliche Vorlagen für mathematische Berechnungen. Meydenbauer richtete seine Aufmerksamkeit aber auch auf eine überzeugende bildästhetische Qualität. Selbst wenn sich hier und da jemand ins Bild einschlich – wie etwa bei der Habelschen Weinhandlung oder bei der Reitbahn auf dem Akademiehof – wurden diese Aufnahmen nicht gleich zu Ausschuß erklärt. Der Wirkung dieser sympathischen Auflockerung der sonst streng sachlichen Bilder war man sich vielleicht schon damals – sofern sie keine Berechnungen behinderten – bewußt.

Mit der Gründung des Meßbildarchivs war ein wesentlicher Schritt für die Denkmalpflege getan. Viele bauhistorisch wertvolle Gebäude wurden zumindest durch Bilder überliefert. Neben dem zu dieser Zeit verantwortlichen Minister im Kultusministerium von Gossler, der maßgeblich an der Berufung Meydenbauers und somit an der Gründung der Meßbildanstalt beteiligt war, setzten sich Berliner Persönlichkeiten wie Wilhelm von Bode, Direktor der Königlichen Museen, Geschichtsvereine und einzelne Photographen für eine systematische Bestandsaufnahme der gefährdeten Bausubstanz in der Stadt ein.

Im Februar 1886 veranstalteten das Märkische Provinzialmuseum, die Magistratsbibliothek und der Berliner Geschichtsverein eine Ausstellung im Rathaus, zumeist mit Photographien, die der kommunalen Behörde die Notwendigkeit dieser Aufgabe vor Augen führen sollten. Der Erfolg zeigte sich ein halbes Jahr später im Oktober 1886. Dem Märkischen Provinzialmuseum und der Magistratsbibliothek wurde ein Etat von bis zu 1500,- Mark jährlich zur Verfügung gestellt, der es ermöglichte, Photographen für bestimmte Aufträge zu gewinnen bzw. photographische Architekturaufnahmen zu erwerben. Konnten bis dahin Photographien zumeist nur durch Schenkungen in den Besitz des 1874 gegründeten Provinzialmuseums gelangen, war jetzt eine gezielte Sammlungsarbeit möglich. Die Abbildungen dieses Bildbandes rekrutieren sich – mit wenigen Ausnahmen – aus dieser Sammlung. So kann hiermit auch ein repräsentativer Querschnitt der damals im wesentlichen angekauften Photographien gezeigt werden. Die ersten mit dem Vermerk »gekauft aus besonderen Mitteln ... in Etat 63« aufgeführten Photographien stammten von F. A. Schwartz und Hermann Rückwardt.

Der Photograph Schwartz richtete seine Aufmerksamkeit auf das Einzelbauwerk. Nicht selten wurden Personen herausretuschiert, die vielleicht im Bild störten. Seine Photographien zeigen jedoch oft das speziell darzustellende Gebäude im Ensemble mit den angrenzenden Häusern. Der häufige Blick von oben mag einmal technisch begründet sein, hängt aber gewiß auch damit zusammen, daß laut einer polizeilichen Anordnung um 1900 Photographen durch ihre Apparaturen belebte Straßen nicht blockieren durften. In diesem Zusammenhang muß der sprichwörtliche »Blick aus der Dachluke«, der für die Schwartzschen Photographien zu einem charakteristischen Merkmal geworden ist, erwähnt werden: Siebenmal zog er in Berlin um, und von jedem Wohnort hat er das Umfeld aus den Fenstern photographiert.

Schwartz wurde am 12. Januar 1836 in Berlin geboren. Er wuchs in einer Familie auf, zu deren Bekanntenkreis die erste Photographengeneration der Stadt gehörte. Acht Jahre lernte er im Atelier seines Onkels und eröffnete nach Absolvierung seiner Meisterprüfung mit 24 Jahren ein erstes Geschäft. Obwohl sich die Photographie mehr und mehr auf Bereiche wie die der Porträtanfertigung konzentrierte, richtete Schwartz sein Interesse auf Architektur- und Landschaftsaufnahmen. In dem Firmeninserat seiner »Photographischen Anstalt« und seines »Photographischen Kunstverlages« war das Fertigen von Porträts mit aufgeführt, aber sein Spezialgebiet waren »Aufnahmen von Architekturen, Landschaften, Maschinen, Malerstudien, Reproduktionen«. Schwartz konnte mit dem Titel des »Hof Photograph Sr. K. M. d. Pr. Karl von Preußen« für seine Firma werben. Sein Engagement und Interesse an der bildhaften Bewahrung gefährdeter Bauten in Berlin, das eine einzigartig umfassende Bildsammlung bis 1906 entstehen ließ, kann früh nachgewiesen werden. In einem Brief an den Magistrat beantragte er schon 1866 »die Bewilligung einer Summe für photographische Aufnahmen« zu Lehr- und dokumentarischen Zwecken. Es ist zu vermuten, daß Schwartz schon vorher ähnliche Anregungen gegenüber dem Magistrat geäußert hatte. Sein Anliegen erschien ihm jedoch derart wichtig, daß er bereit war, auf eigenes Risiko Aufnahmen dieser Art zu fertigen. Die allgemeine Wertschätzung seiner Bilder brachte ihm auch ohne jegliche Unterstützung ausreichenden Umsatz. Seit 1877 war Schwartz Mitglied des Vereins für die Geschichte Berlins, in dem er für seine Arbeit

Unterstützung fand. Viele der hier gezeigten Photographien entstanden vermutlich aus der Zusammenarbeit mit dem Verein. Seine Motive suchte sich Schwartz sonst über Informationen aus Inseraten und von Abrißfirmen. Er arbeitete im Auftrag der städtischen Baudeputation, später des Märkischen Provinzialmuseums, der Preußischen Bau- und Finanzdirektion sowie für Unternehmer, Hausbesitzer und Verlage.

Eine Polizeiakte über den dort als Architekten bezeichneten Georg Hermann Rückwardt gibt lückenhaft einige Hinweise über sein Leben. Die Akte wurde bei der Bewerbung um den Titel eines Königlichen Hofphotographen angelegt. Rückwardt wurde am 12. Juni 1845 in Löbau geboren. Schon im Alter von 31 Jahren besaß er ein eigenes Geschäft mit vier Angestellten und erzielte einen ausreichenden Umsatz. Ein ständig wachsender Kundenkreis ermöglichte ihm den Ausbau seines Ateliers in der Dessauer Straße Nr. 4, in dem er 1882 nun sechs Gehilfen und einen Lehrling beschäftigte. Bis 1892 erhöhte sich die Zahl seiner Angestellten auf 18. Er eröffnete zwischenzeitlich ein Atelier in der Dorotheenstraße 29. Seit 1892 besaß Rückwardt zwei Villen in Groß-Lichterfelde; in einer lebte er, in der anderen richtete er sein Labor ein.

Der beantragte Titel des Hofphotographen wurde ihm verliehen, und bis 1885 schmückten drei dieser Auszeichnungen werbewirksam den Kopfbogen seiner Geschäftspost: »Hof-Photograph Sr. Majestät des Kaisers und Königs, Sr. Majestät des Königs Ludwig II. von Bayern und ihrer Königl. Hoheit der Frau Prinzessin Friedrich Karl von Preussen«. Zusätzlich aufgeführt waren seine Erste-Preis-Medaillen, die er auf zahlreichen internationalen Ausstellungen erhielt – von 1873 bis 1893 insgesamt elf. Besonders anerkannt wurde von ihm die Weiterentwicklung des Lichtdrucks, ein Flachdruckverfahren, das auf der Eigenschaft einer unter dem Negativ belichteten Chromgelantineschicht beruht, an den nicht belichteten Stellen Wasser anzunehmen und dann Fettfarbe abzustoßen. Die belichteten Stellen verlieren ihre Quellbarkeit und halten die Farbe fest. Das Bild wird von der Gelantineschicht abgedruckt, die auf einer starken Glasplatte festsitzt.

Die Vervielfältigungen im Druck von Photographien interessierte Rückwardt gewiß auch wegen seiner »Photographischen Kunst- und Verlags-Anstalt für Architektur, Kunst und Kunstgewerbe«. Hiermit wollte er unter denkmalpflegerischem Aspekt auf architektonische Besonderheiten aufmerksam machen. So schrieb er beispielsweise in einer Werbeschrift zu einer Mappe mit eigenen Photographien: »Die Verlagsbuchhandlung glaubte daher ein nützliches Werk zu thun, durch eine Sammlung älterer Bauten des 17. und 18. Jahrhunderts die Aufmerksamkeit weiterer Kreise auf diese alten Kunstdenkmäler hinlenken zu sollen. Wird doch vielleicht dadurch ein oder das andere Gebäude vor dem Untergang bewahrt, zugleich aber der Sinn für die heimischen Denkmäler und ihre Werthschätzung ohne Frage gefördert.«

Rückwardts Aufnahmen sind sachliche Architekturdarstellungen. Um seinen Bildern in einigen Fällen eine höhere graphische Wirkung zu verleihen und die Konzentration beim Betrachten auf das abgelichtete Bauwerk zu lenken sowie eine bestimmte Komposition zu unterstreichen, retuschierte Rückwardt – wie beim Meßbild und der Architekturphotographie nicht selten – gekonnt und unauffällig den Himmel heraus, z. T. auch hinein. Seine Photographien tragen im Unterschied zum Meßbild eine deutlich persönliche Handschrift und sind durch eine traditionelle künstlerische Sehweise geprägt. Bis 1914 datierte Arbeiten von ihm befinden sich in der Sammlung des Stadtmuseums. Er starb 1919.

Der weitgehenden Eigeninitiative von Schwartz und Rückwardt, die erst mit der Ausstellung der »Berliner Ansichten« im Rathaus 1886 die gewünschte Beachtung fand, ist es mit zu verdanken, daß der Magistrat schließlich den schon erwähnten Etat bewilligte.

Der durch die beiden inzwischen renommierten Photographen erzielte Erfolg ließ auch weniger bekannte Kollegen profitieren. Im Inventarband des Märkischen Provinzialmuseums wurde 1889 als dritter Georg Bartels aufgeführt.

Seit 1886 war Bartels in Berlin gemeldet. Er führte lange Zeit in der Oranienstraße 81/82 ein photographisches Atelier. Auch war er Mitglied eines Geschichtsvereins, der Gesellschaft für Heimatkunde der Provinz Brandenburg zu Berlin.

Die drei für das Museum arbeitenden Photographen schienen sich untereinander bei der Suche nach aussagekräftigen Motiven abgesprochen zu haben bzw. wurden durch Aufträge von Museumsmitarbeitern gelenkt. Die repräsentativen Bauten der Innenstadt blieben Schwartz und Rückwardt vorbehalten. Von Bartels sind Außenbezirke mit noch ländlichem Charakter sowie systematisch ganze Straßenzüge in Berlin photographisch überliefert. Auffällig ist der anfängliche Unterschied der Ankaufspreise im Vergleich zu seinen namhaften Kollegen.

In der Bildauffassung zeigt Bartels Ähnlichkeiten zu Schwartz. Seine Photographien wirken aber belebter, da Bartels meist versuchte, auch Menschen mit ins Bild aufzunehmen. Die langen Belichtungszeiten aufgrund einer noch unvollkommenen Technik ließen gerade für das heutige Betrachten interessante Effekte entstehen. Bartels schien es wenig zu stören, wenn Verkehr und Bewegung auf der Straße zu Schatten in den Bildern führten, oder ins Bild laufende Personen auf dem Photo durchsichtig erscheinen. Der seltene Anblick von Photographen mit ihrer aufwendigen Ausrüstung im Straßenbild lockte gewiß, dem Photographen neugierig bei seiner Arbeit zuzuschauen.

1909 war Bartels »siech geworden«, wie eine Museumsakte zu berichten weiß. Die Arbeiten wurden von seinem Nachfolger, Hugo Rudolphy, übernommen. Bartels Aufenthalt in Berlin konnte bis 1912 nachgewiesen werden – es ist anzunehmen, daß dies sein Todesjahr war.

Über den persönlichen Lebenslauf der folgenden Photographen ist wenig bekannt. Weder Polizeinoch Museumsakten können Aufschluß geben. Sie waren lediglich im Adressbuch namentlich wiederzufinden.

Hugo Rudolphy ließ sich hier seit 1896 als Maler und Photograph eintragen. Die Kombination dieser Berufe ist seit dem Bekanntwerden der Photographie häufig zu finden. Rudolphy nutzte die neuen technischen Möglichkeiten, die durch die rasche Vervollkommnung der Photographie gegeben waren. Sein Repertoire wies in den jährlich erscheinenden Inseraten Innen-, Blitz- und Nachtaufnahmen, Momentphotographien und Aufnahmen von Zeitereignissen auf. Bis 1906 konnte Rudolphy seine Wohn- und Arbeitsstätte im direkten Stadtzentrum, Neue Wilhelmstraße 9–7, halten. Es folgten – wohl infolge eines sozialen Abstiegs – mehrere Umzüge bis 1914. Seine Architekturaufnahmen, die gleichfalls vom Straßenleben erzählen, einige Innenaufnahmen und Photographien von historischen Ereignissen erweiterten bis 1911 die Sammlung.

Seit Mai 1911 kaufte das Museum Photographien von Karl Brandmann aus Rixdorf an. Er war ab 1910 als Zeichner im Adressbuch aufgeführt; im Branchenteil wurde er gar nicht erwähnt. Auch in den folgenden Jahren findet sich hier kein Hinweis auf eine Beschäftigung mit der Photographie. Bis 1915 sind Ankäufe photographischer Aufnahmen von ihm im Inventarband registriert worden. Seine Arbeiten entsprechen in der Bildauffassung der Tradition der Sammlung – sachliche, nicht unpersönliche Architekturdarstellungen.

Auffällig ist, daß ab 1912 bis ins Anfangsjahr des Ersten Weltkrieges hinein mit wenigen Ausnahmen die meisten Photographien unentgeltlich in die Sammlung aufgenommen wurden. Zu lesen ist häufiger im Inventarbuch die Bemerkung »mit dem Museumsapparat aufgenommen«, und viele weitere Zugänge waren als Geschenke vermerkt. Die ganz Berlin umfassende Bautätigkeit hatte sich allmählich beruhigt, ebenso begann das Interesse an reinen Architekturdarstellungen zu schwinden. Die baulichen Ereignisse wurden übersichtlicher und konnten mit weniger Aufwand dokumentiert werden. Ein zwingender Grund für die weitere Existenz des Etats für Photoaufträge dieser Art war seit einiger Zeit nicht mehr vorhanden.

Die Sammlung wurde schon in den Anfangsjahren neben kontinuierlichen Erwerbungen von den erwähnten Photographen durch Einzelankäufe erweitert. So gelangten Aufnahmen ohne namentliche Angabe des Herstellers sowie Meßbilder in den Besitz des Hauses. Ebenso sind sporadisch auch bekannte Lichtbildner wie z. B. Leopold Ahrendts, Johann Friedrich Jamrath, Rudolf Dürkoop und andere in dieser Kollektion vertreten.

Ab 1905 erwarb das Museum Arbeiten des damals jungen und keinesfalls bekannten Photographen Max Missmann. Durch anfangs vereinzelte, nach 1918 dann umfassendere Ankäufe auch von Aufnahmen aus früheren Jahren bereicherte Missmann mit seinen Bildern bis 1943 die photographische Sammlung. Er ist mit fast 1000 Photographien ähnlich stark wie Schwartz und Bartels im Stadtmuseum vertreten.

Missmann wurde am 27. Juni 1874 in Kreuzberg geboren. Er lernte im Atelier von Zander & Labisch – zwei Photographen, die besonders durch ihre qualitätsvollen Ereignisphotographien bekannt wurden. Sein erstes eigenes Atelier eröffnete er wahrscheinlich 1903. Mit einer kurzzeitigen Ausnahme verblieb Missmann bis zu seinem Tode 1945 in Kreuzberg. Seine Wohn- und Arbeitsstätte befand sich seit 1910 in der Gneisenaustraße 22. Die Anerkennung seiner Arbeiten zu Lebzeiten läßt sich an zahlreichen zeitgenössischen Publikationen ablesen.

Im Sammlungsprofil des Museums sind Missmanns Photographien eine wertvolle Erweiterung und Fortsetzung. Waren bisher vornehmlich Abrißgegenden zu dokumentieren, hielt er vor allem die jetzt neu entstandenen Gebiete photographisch fest.

Das auffallend erzählerische Moment seiner Bilder ist nicht nur einer weiter verbesserten Phototechnik zu verdanken. Durch sein sicheres Gefühl für Bildkomposition, seinen künstlerischen Blick und eine Einfühlsamkeit in das städtische Leben faszinieren seine Photographien besonders, und neben dem denkmalpflegerischen Aspekt lassen die Aufnahmen vor allem den Alltag in Berlin atmosphärisch nacherleben.

Literaturhinweise:

Acte des Polizei-Präsidiums zu Berlin betreffend den Architekten Georg Hermann Rückwardt, 1876–1907, Landesarchiv Brandenburg (Potsdam), Pr. Br. Rep. 30 Berlin c. Tit 94, Lit.: R. 575

Harald Brost und Laurenz Demps: *Berlin wird Weltstadt. Photographien von F. Albert Schwartz, Hof-Photograph.* Leipzig 1981

Rudolf Meyer: *Albrecht Meydenbauer, Baukunst in historischen Fotografien.* Leipzig 1985

Hela Zettler, Jost Hansen, Sigurd Schmidt: *Das Berlin der Jahrhundertwende – Georg Bartels, Photographien aus den Jahren 1886-1907.* Berlin 1990

Wolfgang Gottschalk: *Das große Berlin, Max Missmann, Photographien 1899-1935.* Berlin 1991

Berliner Adressbücher, 1894-1916

F. Albert Schwartz: *Berlin 1896-1896. Photographien.* Berlin 1991

Hermann Rückwardt: *Berlin. Zwischen Residenz und Metropole 1871-1916.* Berlin 1994

Literaturverzeichnis

Allgemeine Literatur

Die Bau- und Kunstdenkmäler von Berlin. Bearb. von R. Borrmann. Berlin 1893
Bericht über die Gemeinde-Verwaltung der Stadt Berlin in den Jahren 1877 bis 1881. Berlin 1883–1885, 3 Bde
Bericht über die Gemeinde-Verwaltung der Stadt Berlin in den Jahren 1882 bis 1888. Berlin 1889–1890, 3 Bde
Bericht über die Gemeinde-Verwaltung der Stadt Berlin in den Verwaltungs-Jahren 1901 bis 1905, Berlin 1907–1908, 3 Bde
Berlin und seine Bauten. Bearb. u. hrsg. vom Architekten-Verein zu Berlin und der Vereinigung Berliner Architekten. Berlin 1896, 2 Bde
Krieger, Bogdan: *Berlin im Wandel der Zeiten.* Berlin 1924
Nicolai, Friedrich: *Beschreibung der Königlichen Residenzstädte Berlin und Potsdam, aller daselbst befindlicher Merkwürdigkeiten und der umliegenden Gegend.* 3. Auflage, Berlin 1786, 3 Bde
Rave, Paul Ortwin: *Karl Friedrich Schinkel, Lebenswerk: Berlin.* Berlin 1941–1962, 3 Bde
Schulz, Joachim und Werner Gräbner: *Berlin. Architektur von Pankow bis Köpenick.* Berlin 1987
Volk, Waltraud: *Historische Straßen und Plätze heute: Berlin.* 7. bearb. Aufl. Berlin 1980
von Wilke, Adolf: *Alt-Berliner Erinnerungen.* Berlin 1930 Unter den Linden

Unter den Linden

Arndt, Monika: *Die Ruhmeshalle im Berliner Zeughaus.* Berlin 1985
(Die Bauwerke und Kunstdenkmäler von Berlin; Beiheft 12)
Danke, Rudolf: »In diesem Haus wohnte Max Liebermann«. Die Häuser Pariser Platz 1 und 7. In: *Der Bär von Berlin. Jahrbuch des Vereins für die Geschichte Berlins.* 15.1966, S. 99–132
Frank, Volker: *Die Deutsche Staatsoper zu Berlin.* Berlin 1972 (Baudenkmale 33)
Ein Haus Unter den Linden. Festgabe zum fünfjährigen Bestehen des Werberates der deutschen Wirtschaft (Felix Hasselberg). Berlin 1938
Das Hotel Adlon am Pariser Platz in Berlin. In: *Deutsche Bauzeitung.* 41.1907, No. 99, No. 102, No. 103
Jacobson, E.: *Was sich die Linden erzählen. Berlin um 1860* (Berliner Stadtklatsch; Nr. 7)
Jagow, Kurt und Johannes Siewers: *Das Palais Kaiser Wilhelms I.* Berlin 1936
Zur Jubelfeier 1696–1896. *Königliche akademische Hochschule für die bildenden Künste zu Berlin.* Berlin 1896
Krieger, Bogdan: *150 Jahre Gebr. Habel 1779-1929.* Berlin 1929
Küpper, Roland: *Das von Rohdichsche Legatenhaus.* Potsdam 1928
Lessing, Julius: Zeughaus und Ruhmeshalle in Berlin. *Westermanns Monatshefte IV,* März 1884, Hest 330
Löschburg, Winfried: *Unter den Linden.* Berlin 1972
Mitteilungen des Vereins für die Geschichte Berlins: v. Siefart, Emil: Einst und Jetzt aus der Dorotheenstadt. 44.1927, S. 10–16
Klünner, Hans-Werner: *Das Panorama der Straße Unter den Linden vom Jahr 1820.* 1.1965, S. 2–8; N. F. 2.1965, S. 22–26; N. F. 4.1966, S. 49–56
Meffert, Erich: *Das Haus der Staatsoper und seine Baumeister.* Leipzig 1942
Die Neue Wache als Gedächtnisstätte für die Gefallenen des Weltkrieges. Berlin 1931
Rave, Paul Ortwin: *Die Geschichte der Nationalgalerie Berlin.* Berlin (1968)
Rave, Paul Ortwin: *Das Schinkel-Museum und die Kunst-Sammlungen Beuths.* Berlin 1931
Rodenberg, Julius: *Unter den Linden.* Berlin 1888
Siebenborn, Claus: *Unter den Linden.* Berlin 1949
Sievers, Johannes: *Berlin Unter den Linden.* Ausg. Berlin 1943, Ausg. Berlin 1944
(Führer zu großen Baudenkmälern; 5)
Der Straßenbahntunnel unter den Linden zu Berlin. In: *Deutsche Bauzeitung.* 50.1916, No. 30, No. 31, No. 33, No. 78
Unter den Linden 1680-1980. Ergebnisse des Wettbewerbs »Wie soll Berlins Hauptstr. sich im 20. Jahrhundert gestalten?« Veranst. v. d. Moschr. Städtebau u. Wasmuths Monatsh. f. Baukunst. Berlin 1927
Zur Hundertjahrfeier des Geschäftshauses Gerold am 7. März 1904. Berlin 1904